大学生红色美育

主　编　李顺庆
副主编　秦　杨　刘澜汀　陈燕杰

合肥工业大学出版社

图书在版编目(CIP)数据

大学生红色美育/李顺庆主编．--合肥：合肥工业大学出版社，2025．-- ISBN 978-7-5650-7191-1

Ⅰ．G641.2；G40-014

中国国家版本馆 CIP 数据核字第 2025S537L4 号

大学生红色美育

李顺庆　主编　　　　责任编辑　张　慧　王钱超　孙南洋　郭娟娟

出　版	合肥工业大学出版社	**版　次**	2025 年 3 月第 1 版
地　址	合肥市屯溪路 193 号	**印　次**	2025 年 3 月第 1 次印刷
邮　编	230009	**开　本**	787 毫米×1092 毫米　1/16
电　话	人文社科出版中心：0551-62903205	**印　张**	10.25
	营销与储运管理中心：0551-62903198	**字　数**	218 千字
网　址	press.hfut.edu.cn	**印　刷**	安徽联众印刷有限公司
E-mail	hfutpress@163.com	**发　行**	全国新华书店

ISBN 978-7-5650-7191-1　　　　定价：42.80 元

编 委 会

前言

随着社会的不断进步和教育的不断发展，我国大学生综合素养发展的要求也越来越高。在培养学生的艺术修养和审美能力方面，红色文化与美育融合或成必然，是两个重要的方向。红色文化以其丰富的内涵和深远的影响力，成为大学生美育教育中的重要内容之一。

红色文化作为中国传统精神和优秀传统文化的重要组成部分，承载着丰富的历史故事和理念。大学生作为新时代的接班人，通过学习红色文化可以增强民族自豪感和爱国情怀，培养对祖国的热爱和责任感。同时，红色文化中蕴含的坚定意志、奋发向上的精神，也能够激发大学生敢于探索、勇于创新的积极态度，提高他们的艺术修养和创作能力。红色文化与美育的结合还能够丰富大学生的审美经验和艺术素养。红色文化中的许多经典形象、场景和思想都可以被运用到美术、音乐、舞蹈等艺术形式中，为大学生提供丰富的创作素材。通过学习和欣赏红色文化相关的艺术作品，大学生可以拓宽自己的艺术视野，培养对不同艺术形式的欣赏能力和批判眼光。同时，将红色文化融入美育教学中，可以使学生更加深入地体验和理解其中蕴含的情感和思想，提升他们的审美情趣和艺术鉴赏水平，进而树立正确的价值观和人生观，学会尊敬他人、关爱社会、勤奋进取。这种健全的人格将有助于大学生在未来的职业生涯和社会生活中取得成功，为国家的发展作出更大的贡献。

为深入贯彻党的二十大精神和习近平新时代中国特色社会主义思想，落实《教育强国建设规划纲要（2024—2035 年）》，全面贯彻党的教育方针，实施素质教育，改进美育教学，提高学生审美和人文素养，皖西学院认真学习中共中央办公厅、国务院办公厅《关于全面加强和改进新时代学校美育工作的意见》精神，十分重视学校艺术教育，致力于培养德智体美劳全面发展的高素质应用型人才。皖西学院教师积极主动进行大学生美育教学实践和研究工作，并将经验与成果编写成书，本教材即是其中之一。本教材系皖西学院教师李顺庆主持的安徽省质量工程教材建设项目大学红色美育（2023jcjs121）、新文科背景下区域优秀传统文化与艺术专业建设研究（2023sx093）、安徽省哲学规划项目（AHSKY2019D084）的研究成果。

本教材力求通过贯彻落实《国家中长期教育改革和发展规划纲要（2010—2020年）》和《安徽省高校体育艺术俱乐部制教学改革实施方案》的精神，进一步转变艺术教育思想和教育观念，优化整合艺术教育资源，发掘红色文化、地域文化资源，寻求有效途径，形成美育教育特色。以鉴赏为主，重在艺术养成，激发艺术灵感。引导学生树立正确的审美观，陶冶高尚的道德情操，塑造美好心灵，培养德智体美劳全面发展的社会主义建设者和接班人。教材中寓思想道德教育于“课程思政”，将理论讲授与案例分析相结合、实践教学与工作过程相融合，构成人才培养的新路径。

本教材在编写过程中，吸取近年来国内外美育领域发展的新理论、新方法，紧密结合该领域最新前沿理论，力图在内容上做到既注重理论和实践又兼顾基本原理和前沿理论的有效结合，并突出以下特色。

1. 体现课程思政。本教材根植地域红色文化审美实践、聚焦生活，从而既有助于引导学生关注生活，结合自己的专业和能力探析剖解现实问题，也有助于培养学生的爱国情怀，弘扬社会主义核心价值观，传递正能量。

2. 体系完整，适应教学要求。尽量完整地阐述本课程涵盖的知识模块和知识点，章节结构和内容力求符合教学要求，深度适宜，方便教师根据教学要求取材。

3. 案例和资料鲜活，激发学生学习兴趣。本教材每章开篇都有“学习目标”导入，激发学生学习本章内容的浓厚兴趣。

4. 拓宽学生视野。充分反映国内外美育研究的最新成果，便于学生了解审美新理念、新思维、新动向，拓宽审美视野，提高专业素养和接受新知识的能力。

5. 突出案例教学特色和应用能力培养。本教材选编了大量有代表性的审美案例。结合地域特点，增加了生动性、现实性较强的典型地域化案例，目的在于使学生能够把审美的基本理论与地域实践相结合，探索地域特色的审美，提高审美能力。

6. 配套编写高质量的多媒体课件和模拟测试题。课件中突出章节重点和难点的讲解，增加贴近时代的相关案例分析和课堂讨论；每章设置模拟测试，以提高教学质量。

7. 检验学生学习效果。为了解学生对各章内容的掌握情况，检验学生对所学知识是否能够融会贯通，学以致用，在各章后设计有“章节测试”“案例分析”“实践活动”。特别是通过实践活动，可以锻炼学生的实践能力，以检查学生对各章知识的掌握程度。

目录

第一章 大学生美育与红色文化

学习目标

通过本章的学习，明晰美育及大学美育的具体内容；掌握红色文化的内涵、美学意蕴和此类文化与育人之间的关系；了解红色文化融入大学生美育的意义与价值。

一、美育

（一）美与美育

1. 美的概念

美，这个字眼在生活中随处可见，它是人们追求的一种境界，也是人类文化的重要组成部分。美的定义是多元的。不同的文化、时代和个人经历使得每个人对美的理解都有所不同。在某种程度上，美是一种主观的感受，需要我们去发掘和体验。因此，我们可以从审美的角度来探索美的本质。美的存在形式也是多样的。自然界的山水风光、动植物的形态、人类创造的艺术作品等，都是美的具体表现。这些美好的事物，给我们的视觉和心灵带来了愉悦和陶冶。美还可以体现在人际关系、道德观念和社会制度等方面，这些都是人类文明进步的体现。美的追求是人类的天性。从古至今，人们对美的追求从未停止过。从古代的建筑、雕塑、绘画，到现代的电影、音乐、话剧等，人类在不断地探索美的可能性，创造美的奇迹。在这个过程中，美的标准也在不断地演变和进化，从而推动了人类审美观念的发展。

美的价值在于其对人类精神世界的滋养。美好的事物能够激发人们的创造力和想象力，提高人们的审美能力。同时，美还能够传递情感，让人产生共鸣，从而拉近人与人之间的距离。在这个意义上，美是人类共同的精神财富。美的探索和追求并非一帆风顺。随着社会的发展，人们面临着越来越多的压力和挑战。在这种情况下，人们对美的追求可能会受到影响，甚至出现审美疲劳的现象。因此，如何在现代社会中保持对美的热情和追求，成为一个值得关注的问题。面对美这一概念的理解，我们应该保持开放和包容的心态，尊重不同文化和个体对美的理解，鼓励对美的多样性和创新。因为只有这样，人们才能真正体会到美的力量，让美成为人类共同追求的目标。

2. 美育的概念

美育，又称美感教育或审美教育，是指通过培养个体的审美情感、审美认识和审美能力，使其在美的体验和创造中获得精神愉悦和人格完善的一种教育方式。在当今社会，美育逐渐被重视，成为一种重要的教育内容。美育的核心目标是提高个体的审美素养。审美素养是指个体对美的感知、鉴赏、评价和创造的能力。通过美育，人们能够更好地理解和欣赏美的事物，从而提升生活的品位和品质。比如在欣赏一幅画作时，具有良好的审美素养的人能够从色彩、构图、主题等多个角度进行分析，深入理解作品背后的思想和情感。

美育有助于培养个体的创新意识和创造力。在美育过程中，鼓励个体发挥想象力和创造力，通过绘画、音乐、舞蹈等艺术形式表达自己的情感和想法。这种创造性的表达不仅能够提高个体的综合素质，而且能激发其对新事物的探索欲望，从而促进社会的发展和进步。比如学生在参加戏剧表演活动时，需要自主设计剧本、编排动作、选择合适的音乐，这些都是对其创新能力和创造力的锻炼。

美育对于形成健全人格具有重要作用。美育强调个体在美的体验中实现情感的升华和心灵的净化。通过欣赏美的事物，人们能够培养出积极向上、乐观向善的心态，进而影响其行为举止和价值观念。比如通过阅读经典文学作品，人们可以体会到人性的光辉，从而促使自己追求更高的道德境界。美育还有助于增进人际交往和社会和谐。在美育活动中，人们通过艺术作品的欣赏和创作，学会尊重和欣赏他人的观点和成果，从而促进人与人之间的理解与沟通。比如在音乐会、艺术展览等场合，观众不仅能够欣赏到艺术家的才华，还能够与其他观众分享自己的感受和见解，从而拉近彼此的距离。

3. 美与美育的关联

美与美育是两个密切相关的概念，它们在人类文化和教育领域中占有重要地位。从哲学的角度来看，美是一种主观与客观相结合的审美体验。古希腊哲学家柏拉图认为，美是一种超越物质世界的永恒不变的理念。而在中国古典哲学中，道家和儒家也有对美的独特理解。道家强调自然之美，儒家则注重道德之美。美育作为培养人们审美能力和审美情趣的教育，旨在帮助人们认识美、感受美，从而达到提升个体精神境界的目的。

从心理学的角度分析，美育对个体心理健康具有积极作用。美的感受能够激发人们的情感，使人们产生愉悦感。这种愉悦感不仅能够缓解压力，还能够提高人们的创造力和想象力。美育通过培养个体的审美情趣，使人们在面对生活中的困难和挑战时，能够保持积极的心态，从而促进心理健康的发展。从教育学的角度来看，美育是全面发展教育的重要组成部分。美育不仅关注知识的传授，更注重个体审美能力的培养。通过美育，人们可以学会欣赏艺术作品，理解艺术背后的思想内涵，从而培养出全面思考和判断的能力。此外，美育还有助于培养个体的合作精神和团队意识，因为艺术创作往往需要多人共同完成，这有助于提升社会交往能力。从社会实践的角度分析，美育在推动社会文化发展和提高国民素质方面具有重要作用。美育能够提升人们的艺术鉴赏能力，使人们更加关注文化艺术的传承和发展。同时，美育能够促进文化产业的繁荣，为经济发展提供新的动力。此外，美育还有助于培养人们的道德观念和社会责任感，使人们在追求物质生活的同时，不忘追求精神生活的丰富和提升。

美与美育之间的关系是复杂而微妙的。美，作为一种审美对象，是人类文明的产物，具有丰富的内涵和多样的表现形式。美育则是指通过教育和培养，提高个体审美能力和艺术素养的过程。从个体层面来看，美育对个体审美能力的培养具有重要作用。美育可以帮助人们认识到美的多样性和复杂性，从而提高他们的审美鉴赏力。通过接触不同类型的艺术作品，个体可以学会欣赏和理解美的多种形式，如音乐、绘画、雕塑等。此外，美育还有助于培养个体的创造力和想象力。在欣赏美的过程中，个体可以发挥自己的想象力，创造出新的艺术形式，从而推动美的发展和创新。在社会层面上，美与美育之间存在密切的互动关系。美育有助于提升整个社会的审美水平和文化素养。通过广泛开展美育活动，人们可以更加关注和重视美的存在，从而形成一种追求美好生活品质的社会风气。此外，美育还有助于促进社会和谐与稳定。艺术作品往往具有强烈的感染力，能够激发人们的正能量，缓解社会矛盾和冲突。同时，美的传播和普及也有助于改善人际关系，提高社会凝聚力。在文化层面上，美与美育相互促进，共同推动文化的发展。美育可以帮助人们更好地传承和发扬优秀的传统文化。通过对传统艺术的学习和研究，人们可以更加深入地了解和认识本民族的历史、文化和价值观。美育还有助于吸收和融合外来文化。在全球化背景下，美育可以帮助人们跨越国界，学习其他国家和地区的优秀艺术成果，从而促进文化的交流与融合。

（二）中外美育思想

1. 西方美育思想

在西方美育的历史发展中，除了席勒的重要贡献外，其他一些关键人物和理论同样对美育的形成和发展产生深远的影响。比如英国艺术教育家赫伯特·里德提出一种将艺术与教育相结合的理念，他认为艺术教育不仅仅是传授技艺，更重要的是培养学生的审美能力和创造力。20 世纪中叶，里德的这些观点对英国和其他国家的艺术教育改革产生了显著的影响。美国哲学家约翰·杜威在其著作《艺术即经验》中，也对美育提出了独特的见解。杜威认为，艺术是人类经验的重要组成部分，美育应当关注个体的直接感受和参与，强调艺术活动与日常生活的紧密联系。他主张通过艺术教育来促进学生的自我表达和情感发展，使他们能够在实践中体验到创造性的乐趣。法国的保罗·克利和瓦西里·康定斯基等艺术家也对美育有着深刻的认识[①]。他们主张通过抽象艺术的形式来培养学生的视觉感知能力和想象力。在 20 世纪初，这些艺术家在德国包豪斯设计学校的教学实践中，尝试将艺术与工艺相结合，推动了现代设计教育的发展。

从历史角度来看，美育的理念在西方哲学史上有着悠久的传承。古希腊哲学家柏拉图和亚里士多德都对美有深入的探讨，他们的思想对后世产生了深远的影响。柏拉

---

① 李昕．用图形规划未来——视觉传达设计专业暑期教学实践经验谈［J］．天津美术学院学报，2021（5）：96－101.

图认为美是一种超越物质世界的永恒不变的本质，而亚里士多德则认为美是秩序、对称和明确性的结果。进入文艺复兴时期，人文主义的兴起使得美育得到了新的发展。艺术家和学者开始关注人的价值和地位，强调个性的发挥和人的全面发展。这时期的代表人物如达·芬奇、米开朗琪罗等，他们的作品不仅在艺术上具有极高的成就，而且体现了对人们理性和情感的关注。到了近现代，德国哲学家席勒和马克思的美育思想对西方美育史产生了重要影响。席勒在其著作《美育书简》中，提出了通过美育培养人的道德和智慧的观点，认为美是自由的表现，美育是提高人的内在价值的重要途径。马克思在《1844年经济学哲学手稿》中，也肯定了席勒的美育思想，并将其与人的全面发展相结合，强调美育在社会进步和人的自由发展中的重要作用。

当前，美育已经成为全球教育改革的重要组成部分，各国都在积极探索适合本国国情的美育实践。从西方到东方，从古代到现代，美育的历史发展见证了人类对美的追求和对个人全面发展的关注。在新的历史条件下，我们应当继续发扬美育的优良传统，推动美育事业的创新和发展，为培养具有全面素质和创新能力的新时代人才作出积极贡献。

2. 中国美育思想

在中国美育的历史长河中，我们可以追溯到远古时期的图腾崇拜和祭祀仪式，这些活动在一定程度上体现了人类对美的追求和表达。随着历史的发展，美育在中国逐渐形成了独特的体系和内涵。从先秦时期的儒家思想、道家哲学到汉唐文化的繁荣，再到宋明理学的兴起，美育在中国社会中的地位和作用不断演变。先秦时期，儒家学派提出了“礼教”的教育理念，强调“诗、书、礼、乐”的教育内容，其中“乐教”即为美育的早期形态。孔子曾言“兴于诗，立于礼，成于乐”，表明美育在人格培养中的重要地位。道家则主张“顺其自然”，强调个体与自然和谐相融的美育观念。这些思想为后世美育的发展奠定了基础。汉唐时期，随着国家政治、经济的繁荣，文化艺术也得到了空前的发展。诗歌、绘画、音乐等艺术形式成为美育的重要载体。唐代文人墨客对美的追求和创造，使得美育在这一时期得到极大的推广和普及。宋明时期，理学成为主导思想，儒家学者如朱熹、王阳明等对美育进行更为深入的探讨。他们认为美育不仅是培养个体审美能力的途径，更是修身养性、涵养道德的重要手段。这一时期的美育更加注重内涵修养和精神追求。

随着西方文化的传入，中国美育迎来了新的变革。王国维等学者将西方美育理论与中国传统美育思想相结合，提出了具有时代特色的美育观念。他们强调美育在人格培养、道德修养和智慧启迪方面的重要作用，为新时代美育的发展提供了宝贵的思想资源。在当今社会，随着科技的进步和全球化的推进，美育面临着新的挑战和机遇。一方面，现代科技为美育提供了更为丰富的表现形式和传播渠道，如数字艺术、网络音乐等；另一方面，全球化使得不同文化的交流与碰撞成为可能，为美育的多样性和包容性提供了广阔的空间。

新时代背景下，中国美育的发展需要继承和发扬传统美育的优秀成果，同时借鉴和吸收世界各国的美育经验。我们要关注美育在培养创新能力、审美素养和人文素养方面的重要作用，努力构建具有时代特征和中国特色的美育体系。通过美育，我们可以培养出具有创新精神、审美情趣和道德情操的全面发展的人才，为构建社会主义现代化强国和实现中华民族伟大复兴的中国梦贡献力量。

蔡元培的美育思想在中国近代美育发展史上具有举足轻重的地位。他的美育理念涵盖多个方面，从美育的目的、政策、实施到功能等，为中国美育事业奠定了坚实的基础。在蔡元培的影响下，中国的美育逐渐形成了一套完整的体系，并且不断发展壮大。蔡元培美育的目的在于培养人们的感情和审美能力。他认为，美育是一种通过美学理论培养感情的教育方式，可以让人们在欣赏美的过程中，提升自己的情感品质和审美水平。这一理念在蔡元培的教育实践中得到了充分体现，他倡导在各级各类学校推广美育，使之成为国民教育的重要组成部分。蔡元培提出了美育政策的“五育并举”，强调美育在教育中的重要地位。这一政策观念在当时的民国教育法令中得到了体现，并对中国的教育制度产生了深远的影响。至今，美育仍然是中国教育改革的重要议题，体现了蔡元培对美育政策的前瞻性和指导意义。蔡元培的美育实践涵盖了家庭、学校和社会三个层面。他认为，美育不仅仅是学校教育的责任，还需要家庭和社会共同参与，形成一个全方位的美育体系。在他的推动下，中国开始出现一批专门从事美育的机构和团体，如北大音乐传习所、上海国立音乐专科学校等，为美育的发展提供了有力的支持。蔡元培的美育功能观强调美育在塑造人们道德品质方面的作用。他认为，美育可以通过培养人们的审美情趣，提升道德情操，从而促进社会的和谐发展。这一观点在当今社会仍具有现实意义，特别是在当前社会道德水平不断下滑的背景下，美育成为提升人们道德品质的重要途径。

（三）美育的全面发展

随着时代的发展，教育领域不断涌现出新的理念和方法。在这个过程中，美育作为一种重要的教育形式，逐渐受到了广泛的关注和重视。在近代教育中，美育的全面发展得益于教育观念的变革。过去，教育主要以传授知识为主，忽视了学生个性的培养和审美情趣的培育。然而，随着社会的进步和人们观念的更新，越来越多的教育工作者意识到美育的重要性。他们认为，美育不仅能够丰富学生的精神世界，还能激发他们的创造力和想象力。因此，在教育实践中，美育逐渐被纳入课程体系，成为学生全面发展的重要组成部分。

美育的全面发展还体现在教育内容的丰富多样。在过去，美育主要关注绘画、音乐等传统艺术形式。然而，在近代教育中，美育的范畴得到了极大的拓展。除了传统的艺术形式，还包括戏剧、舞蹈、影视等现代艺术。这些艺术形式的融合，不仅丰富了美育的内容，还有助于培养学生的多元文化视野和跨学科思维。此外，美育还与科技、体育等领域相互交融，形成了一系列跨学科的课程和活动，为学生的全面发展提供了更多的可能性。

美育的全面发展还离不开教育方法的创新。在传统的教育模式下，美育往往以教师为中心，学生处于被动接受的地位。然而，在近代教育中，人们更加注重学生的主动参与和体验。教育者采用了更多互动式、参与式的教学方法，让学生在实践中感受美、创造美。比如在美术课上，教师可以组织学生进行户外写生，让他们在大自然中寻找美、表现美。在音乐课上，教师可以鼓励学生组建乐队，共同创作音乐作品。这些创新的教育方法，使得美育更加生动、有效，更能激发学生的兴趣和创造力。

美育对于培养学生的审美能力具有重要意义。在未来，这一能力将变得更加重要。随着虚拟现实、增强现实等技术的广泛应用，人们在日常生活中接触到的美的形式和内容将更加丰富多样。因此，通过美育教育，学生们可以学会欣赏不同类型的艺术作品，提高自己的审美水平，从而更好地适应未来社会的需求。美育在未来教育中的全面发展，还将体现在创新能力的培养上。美育教育不仅仅是传授艺术知识，更重要的是激发学生的创造力和想象力。在未来，各种新兴产业的崛起将对创新能力产生更高的要求。因此，美育教育应当注重培养学生的创新思维，使他们能够在未来社会中具备竞争力。

美育教育的全面发展还应关注跨学科的融合。在未来教育中，学科之间的界限将越来越模糊，美育与其他学科的结合将成为一种趋势。比如美育可以与科学、技术、工程和数学等学科相结合，培养学生在艺术与科技领域的跨界能力。这样的跨学科融合将有助于学生拓宽知识面，提高综合素质。美育在未来教育中的全面发展还应关注国际化的拓展。随着全球化的推进，跨文化交流变得日益重要。美育教育应致力于培养学生具有国际视野的审美能力，使他们能够理解和欣赏不同文化背景下的艺术作品。这将有助于学生在未来社会中更好地进行跨文化交流，促进世界多元文化的交流与融合。美育教育的全面发展还应关注个性化和差异化的教学。在未来教育中，个性化教育将成为主流，美育教育也应顺应这一趋势。教师应关注每个学生的兴趣和特长，因材施教，使每个学生都能在美育领域得到充分的发展。这将有助于激发学生的潜能，使他们在艺术领域取得更好的成绩。

二、大学生美育

（一）大学生美育的意义

随着时代的发展，人们对于美好生活的追求越来越高，大学生作为国家未来的栋梁，其审美能力和人文素养的提升显得尤为重要。美育作为一种特殊的教育形式，对于大学生的成长具有不可替代的作用。

美育有助于提升大学生的审美能力。审美能力是指人们在面对美的客体时，能够欣赏、评价、创造美的能力。通过美育的学习和实践，大学生可以培养对美的感知和认识，从而在日常生活中更好地欣赏和体验美。这种审美能力的培养，不仅可以丰富大学生的精神世界，还有助于提高他们的生活品质。美育有助于培养大学生的创新意识和创造力。在当今这个快速发展的时代，创新意识和创造力成为人们最为重要的素质之一。美育通过对艺术、文化、历史等多方面的学习，激发大学生的想象力和创造力。同时，美育还鼓励学生在实践中不断尝试、探索，从而培养他们的创新精神。这对于大学生未来走向社会，成为具有创新能力的人才具有重要意义。

美育有助于提高大学生的人文素养。人文素养是指人们在面对人类历史、文化、艺术等方面的知识时，所表现出的认知、评价、传播和创新的能力。通过美育的学习，大学生可以了解世界各地的文化传统和艺术风格，从而拓宽他们的视野。美育还有助于培养大学生的文化自信，使他们更加尊重和热爱自己的民族文化。此外，美育还有助于促进大学生的心理健康。在现代社会，人们面临着各种压力和挑战，大学生也不例外。美育通过艺术活动、音乐欣赏等方式，为大学生提供了一种情感寄托和压力释放的途径。参与美育活动，可以让大学生在愉悦的氛围中释放压力，从而有效减轻心理负担，保持心理健康。

美育还有助于培养大学生的团队协作能力。在美育实践中，大学生往往需要与他人共同完成一项艺术创作或活动，这就要求他们具备良好的团队协作精神。通过参与美育活动，大学生可以学会倾听他人的意见，尊重他人的观点，从而在团队合作中发挥积极作用。这种团队协作能力的培养，对于大学生未来的职业生涯具有积极的意义。

（二）大学生美育的特征

1. 个性化与多样性

大学生美育的个性化体现在对个体差异的尊重。在传统教育中，美育往往采取统一的教学模式，忽视了学生的兴趣和特点。然而，在现代教育中，大学生美育逐渐认识到每个学生的审美需求和创造潜能是不同的。因此，教育者开始尝试采用多样化的教学方法，以满足不同学生的需求。比如通过设置多样化的课程和活动，让学生自主选择感兴趣的领域进行深入学习，从而发挥他们的个性化优势。

大学生美育的多样性还表现在丰富的教育资源上。在全球化的背景下，大学生可以接触到来自世界各地的文化和艺术形式。这为美育提供了更多的选择和可能性。教育者可以利用这些资源，引导学生拓宽视野，了解不同文化背景下的审美观念和艺术表现。同时，这也有助于培养学生的跨文化交流能力和创新思维。

大学生美育的个性化与多样性还体现在对创新精神的培养上。在传统美育教育中，往往强调模仿和遵循规范。现代美育则更加注重激发学生的创造力和想象力。教育者鼓励学生勇敢尝试新的艺术形式和表达方式，发掘自己独特的审美视角。这种教育方式有助于培养学生的艺术思考能力和个性鲜明的艺术风格。

大学生美育的个性化与多样性还与社会实践密切相关。通过参与各类社会实践活动，学生可以将所学的美学知识应用于现实生活中，提升自己的审美素养和实践能力。比如学生可以参加艺术展览、戏剧表演、音乐会等活动，亲身体验艺术的魅力。这不仅有助于学生拓展人际关系，还有助于培养他们的团队协作能力和组织能力。

大学生美育的个性化与多样性还表现在评价体系的改革上。传统的评价体系往往以单一的标准来衡量学生的艺术表现。然而，现代美育更加注重对学生个性化成果的评价和认可。教育者采用多元化的评价方法，尊重学生的个性和创造力，以激发他们的积极性和主动性。

2. 理论与实践相结合

理论与实践相结合是教育过程中的重要原则，对于大学生美育的特征分析也同样适用。我们知道，大学生美育的理论基础是多元的。美育作为一种教育形式，旨在培养人的审美情感和创造力。在理论层面，它融合了哲学、心理学、艺术学等多个学科的知识。通过理论学习，大学生可以了解美的本质、审美的规律，以及艺术的表现形式。比如在文学课程中，学生通过阅读经典作品，理解作品的创作背景和思想内涵，从而培养文学鉴赏能力。

大学生美育的实践特征是体验性。美育不仅仅是理论上的认知，更重要的是通过实践活动来体验美、感受美。在大学中，各种艺术团体和文化活动为学生提供了丰富的实践平台。比如，参加戏剧社的演出，不仅可以让学生亲身参与戏剧创作，还能使他们在表演过程中感受到艺术的力量。此外，参观美术馆、音乐会等活动，也是让学生直观感受艺术魅力的有效途径。

大学生美育的过程是互动性的。在美育的过程中，学生与教师、学生与学生之间的交流和互动是不可或缺的。通过讨论、合作、批评与自我批评，学生的审美观点得以碰撞和交融，从而促进思想的成熟和审美能力的提升。比如在美术课程的小组讨论中，学生可以分享自己对艺术作品的见解，同时吸收他人的观点，实现知识的共享和视野的拓展。

大学生美育的目标是全面提升。美育不仅仅关注艺术技能的培养，更注重学生综合素质的提升。通过美育，学生的审美情感得到熏陶，创造力和想象力得到激发，人文情怀和批判性思维得以培养。这些都是现代社会中不可或缺的素质。比如通过参与文学创作，学生不仅学会了文字表达，还锻炼了艺术思考和创新的能力。

3. 跨学科性与综合素质培养

大学生美育具有鲜明的跨学科性特征。在现代社会，单一学科的知识已经不再能够满足人们日益增长的需求。美育作为一种综合性的教育方式，需要融合文学、艺术、哲学、心理学等多个学科的资源。通过跨学科性的学习，大学生可以从不同学科的角度去理解和欣赏美，从而更好地拓宽自己的知识体系和审美视野。比如在美术课程中，学生不仅学习绘画技巧，还需要了解艺术史、艺术理论等相关知识；在音乐课程中，学生除了学习演奏和唱歌，还需要掌握音乐欣赏和音乐分析的方法。

大学生美育强调实践性与体验性。美育不仅仅是一种理论知识的学习，更是一种实践操作和审美体验的过程。在大学生美育中，学生需要亲身参与到各种艺术活动中，如绘画、雕塑、音乐、舞蹈、戏剧等。通过实践操作，学生能够更好地理解艺术的本质和规律，培养自己的审美能力和创造力。同时，通过参与各种艺术活动，学生可以体验到艺术带来的愉悦和满足感，从而增强自己的审美情感和审美情趣。

大学生美育注重个性化和多样性。在大学生美育过程中，教育者应该充分尊重学生的个性和兴趣，鼓励学生根据自己的特点和需求选择适合自己的美育课程。这不仅有助于激发学生的学习热情和积极性，还有利于培养学生的独立思考和创新能力。此外，美育课程的设置也需要注重多样性，涵盖不同领域和类型的艺术形式，满足不同学生的需求。比如学校可以开设绘画、摄影、设计、表演等多种艺术课程，让学生有更多的选择空间。

大学生美育强调与社会的紧密联系。美育不仅仅是学校教育的一部分，更是与社会发展息息相关的领域。大学生在接受美育的过程中，应该关注社会现实，积极参与社会实践，将美育与社会发展相结合。这不仅有助于提高学生的社会责任感和使命感，还有利于培养他们的团队协作和沟通能力。比如学生可以参加社会实践活动，如艺术支教、社区服务等，将美育与公益事业相结合，实现美育的社会价值。

（三）大学生美育的路径

1. 课程教育

随着素质教育的不断推进，美育作为教育的重要组成部分，在高等教育中的地位日益凸显。美育不仅有助于培养大学生的审美能力和艺术素养，还能促进学生的全面发展。时下，大学生美育的课程设置逐渐丰富。在传统的美育课程基础上，各高校不断探索和创新，开设了多种形式的美学、艺术理论和实践课程。比如除了基础的美术、音乐、戏剧等课程外，还引入了影视鉴赏、创意设计、民间艺术等多样化的美育课程。这些课程不仅拓宽了学生的艺术视野，还有助于培养学生的创新思维和实践能力。

大学生美育的实践环节得到了加强。实践是检验真理的唯一标准，对于美育教育来说，实践环节尤为重要。许多高校通过组织艺术实践活动，如艺术展览、音乐会、戏剧表演等，让学生在实践中感受到艺术的魅力，提高自己的审美鉴赏能力。此外，一些学校还与社会艺术机构合作，开展校外实践活动，让学生走出校园，接触更广泛的艺术资源，增强实践能力。大学生美育路径的实行仍然面临一些挑战。首先，部分高校对美育教育的重视程度不够，导致美育课程设置不够完善，师资力量不足。这使得学生在接受美育教育时，可能会因为资源有限而无法充分发挥自己的潜能。其次，部分学生对美育课程的兴趣不高，认为这些课程与专业发展关系不大，从而影响了美育教育的推广和实施。

课程是美育教育的核心，需要构建一个多元化、层次分明的课程体系。可以设置基础美育课程，如音乐、美术、舞蹈等，让学生接触和了解基本的艺术形式；开设专业美育课程，结合不同学科特点，如设计思维、影视鉴赏等，让学生在专业领域内深化审美认识。此外，还可以引入跨学科的美育课程，如艺术与科技的结合——艺术治疗等，拓宽学生的视野。

强化实践活动在美育中的比重。理论知识需要通过实践来深化理解，美育尤其需要实践的支撑。学校可以组织各类艺术实践活动，如艺术节、演出、展览等，鼓励学生参与其中，亲身体验艺术创作和欣赏的过程。同时，可以与社会艺术机构合作，为学生提供实习和实践的平台，让学生在真实的社会环境中感受艺术的力量。提升师资队伍的专业水平。优秀的教师是美育教育的关键。学校应加强对美育教师的选拔和培养，引入具有丰富教学经验和高水平的专业人才。还要加强教师之间的交流与合作，鼓励教师进行学术研究和教学探索，不断提升教学质量和水平。

注重美育评价体系的建立。评价体系是指导和激励学生学习的重要手段。学校应建立科学、合理的美育评价体系，不仅考查学生的理论知识，还要重视学生的实践能力、创新能力和审美情感的培养。可以通过作品评价、实践报告、课堂表现等多种方式，全面评估学生的美育成果。要营造良好的校园文化氛围，因为校园文化是影响学生美育的重要因素。学校应通过举办各类文化活动，如讲座、展览、工作坊等，丰富学生的文化生活，提升学生的艺术修养。还应加强校园环境建设，打造艺术化、人性化的校园空间，让学生在日常生活中感受到美的存在。

2. 校园文化活动

当今社会，大学生美育路径的实行策略已成为校园文化活动的重要组成部分，对于提升学生综合素质、培养创新能力和人文精神具有重要意义。美育旨在培养学生的审美能力和创造力，提高他们的人文素养。因此，校园文化活动中的美育路径应该关注学生的个性化发展，尊重他们的兴趣和特长，通过设置多样化的课程和活动，激发学生对美的热爱和追求。

校园文化活动应与专业课程相结合。将美育融入专业课程中，使学生在学习专业知识的同时，也能提高审美能力。比如理工科学生可以通过参与艺术与科技相结合的项目，如设计竞赛、创意编程等，从而在实践中培养审美意识和创新思维。校园文化活动应注重实践性。通过组织各类美育实践活动，如美术、音乐、戏剧等，让学生在参与中体验美、感受美。这不仅有助于培养学生的审美情趣，还有助于提高他们的团队协作能力和组织能力。比如学校可以举办艺术节、音乐会等活动，让学生在参与筹备和表演的过程中，体验艺术的魅力。校园文化活动应强化师生互动。教师在美育过程中起着关键作用，他们应关注学生的个性化需求，给予指导和鼓励。教师可以通过举办讲座、工作坊等形式，与学生分享自己的经验和见解，激发学生的兴趣和热情。此外，教师还可以邀请艺术家、设计师等行业专家参与校园文化活动，为学生提供更多学习和交流的机会。

校园文化活动应充分利用现代科技手段。借助网络平台和数字技术，可以扩大美育资源的传播范围，提高其影响力。比如学校可以建立在线美术馆、音乐馆等，让学生随时随地欣赏艺术作品，拓宽他们的视野；可以利用虚拟现实、增强现实等技术，为学生提供沉浸式的美育体验。

3. 社团与兴趣小组

随着社会的快速发展和教育的不断进步，大学生美育教育受到了越来越高的重视。美育不仅能够丰富大学生的精神世界，还能提高其综合素质。在这一背景下，探讨如何优化大学生美育路径具有重要的现实意义。

大学社团是学生自发组织的、以共同兴趣为基础的集体。通过丰富多样的社团活动，可以激发大学生对美的追求和创造力。比如美术社、摄影社、舞蹈社等，都是大学生展示自己才艺、培养审美能力的良好平台。因此，学校应大力支持社团的发展，提供足够的经费和场地，鼓励学生积极参与，从而拓宽美育的覆盖面。

发掘与整合兴趣小组资源，为大学生提供个性化的美育方案。兴趣小组是学生在课余时间自发组织的小型集体，以共同的爱好为主题。与社团相比，兴趣小组更注重个人的兴趣发展和交流。学校可以通过调查了解学生的兴趣爱好，组织相关的美育活动，如绘画、书法、音乐等，满足学生的个性化需求。此外，还可以邀请专业老师进行指导，提高美育活动的专业性和实效性。

加强社团与兴趣小组的交流与合作，形成美育资源共享机制。社团和兴趣小组在美育方面各有优势，通过加强交流与合作，可以实现资源共享，提高美育效果。比如学校可以定期举办社团文化节、美育成果展示等活动，让社团与兴趣小组共同参与，互相学习。此外，还可以鼓励社团与兴趣小组开展联合活动，如跨社团的艺术比赛、展览等，推动美育活动的多样化和创新。

注重社团与兴趣小组在美育中的示范引领作用。优秀的社团和兴趣小组往往具有较高的影响力和示范效应，能够激发更多学生参与美育活动。学校应充分挖掘社团与兴趣小组的潜力，表彰优秀团队和个人，发挥其在美育中的榜样作用。可以通过校园媒体、网络平台等途径，宣传社团与兴趣小组的美育成果，提高美育的影响力，吸引更多学生关注和参与美育活动。

4. 社会实践与志愿服务

在当今社会，美育对于大学生的成长和发展具有重要意义。社会实践和志愿服务作为一种特殊的教育形式，为大学生提供了一个提升自我、服务社会的有效途径。需要明确社会实践与志愿服务对于大学生美育的重要性。社会实践和志愿服务活动能够让大学生亲身参与到社会中，通过实际行动体验美、感受美。这种直接的体验，有助于培养大学生的审美情趣和审美能力，从而优化他们的美育路径。

学校和社会应共同营造一个良好的社会实践与志愿服务环境。具体而言，学校可以开设相关课程，引导大学生参与社会实践与志愿服务活动，同时，社会各界也应提供更多的实践和志愿服务机会，让大学生能够在实际操作中学习和成长。此外，学校和社会还应加强对实践活动的指导和监督，确保活动的质量和效果，使大学生能够在实践中真正受益。大学生自身也应积极参与社会实践与志愿服务活动，发挥主体作用。在参与过程中，大学生应以开放的心态去感受不同的文化和价值观，学会从多角度审视美、认识美。此外，大学生还应注重团队合作，通过与他人的交流与合作，提高自己的沟通能力和协作能力，这对于培养审美修养是非常重要的。此外，学校还应关注社会实践与志愿服务活动在美育中的创新。随着时代的发展，社会实践和志愿服务的形式也在不断创新。大学生可以通过参加各类新媒体、环保、公益等方面的实践活动，拓展美育的内涵和外延。通过这些创新活动，大学生不仅能够提升自身的审美能力，还能够为社会带来正能量，实现美育与社会责任的有机结合。

三、红色文化

（一）红色文化的内涵

红色文化是一段历史的见证，其始于革命时期，贯穿于新中国成立和发展、建设和改革的各个阶段。红色文化不仅记录了这段历史的沧桑巨变，也反映了人民群众在革命斗争中的英勇奋斗。因此，红色文化是一种历史的传承，它将过去的辉煌与今天的奋斗紧密相连。

红色文化是一种精神的象征。它包括伟大的红船精神、无私的奉献精神、坚强的战斗精神等。通过红色文化的传播，这些精神得以传承和发扬光大。红色文化激励着一代又一代的中国人，为了国家和民族的繁荣富强而不懈努力。因此，红色文化是一种精神的支柱，它为人们提供了坚定的信念和力量。

红色文化是一种价值的体现。它倡导忠诚、正义、团结、奉献等价值观，强调集体主义和社会主义思想。红色文化通过各种形式，如文学、艺术、电影等，将这些价值观传播给人们。在这个过程中，红色文化对于引导社会风气、培养公民道德具有重要意义。因此，红色文化是一种价值的引导，它对于塑造一个健康、向上的社会环境具有积极作用。

红色文化是一种艺术的传承。许多红色文化作品，如歌曲、戏剧、电影等，都具有很高的艺术价值。这些作品通过优美的旋律、生动的表演、深刻的内涵，展现了红色文化的魅力。同时，红色文化也推动了中国艺术的发展，为后来的文艺创作提供了丰富的素材和灵感。因此，红色文化是一种艺术的滋养，它促进了中国文化的多样性和繁荣。

红色文化是一种教育的载体。通过红色文化的传播，人们可以了解中国历史、学习红船精神、接受社会主义教育。红色文化以其独特的方式，激发了人们对祖国和民族的热爱，增强了民族自豪感。因此，红色文化是一种教育的启示，它对于培养一代又一代的有理想、有道德、有文化、有纪律的公民具有重要作用。

（二）红色文化的美学意蕴

1. 历史维度的价值分析

红色文化美学的形成与中国近现代历史紧密相连，特别是在新中国成立之后，其逐渐成为引导中国红色文化发展的重要力量。从长征、抗日战争到解放战争，红色文化在革命斗争中孕育而生，其美学特征表现为坚定的革命意志、集体主义精神和对美好未来的向往。这些元素不仅在战争年代激励着人们奋斗，也为后来的文化创作提供了丰富的素材和灵感。新中国成立后，红色文化美学得到了空前的推广和普及。在这一时期，大量的文学、电影、戏剧和歌曲等艺术形式，无不渗透着红色文化的美学特质。《红色娘子军》《白毛女》等作品，通过鲜明的人物形象和感人的故事情节，传递了英雄主义、社会主义、集体主义的价值观念。这些作品不仅记录了历史，也塑造了一代人的文化认同和美学取向。

今天，尽管时代背景已经发生了巨大变化，但红色文化美学依然具有重要的现实意义。它不仅是对过去的纪念和尊重，更是对未来的启示和激励。在全球化和多元文化的背景下，红色文化美学强调的牺牲奉献、团结协作等价值观念，仍然具有积极的社会引导作用。同时，它也是中国文化自信的一种体现，有助于增强民族自豪感和凝聚力。

2. 艺术表现的价值分析

红色文化美学意蕴是一种深植于中国历史和文化中的美学表现形式，它承载着丰富的历史记忆和民族精神。从艺术表现的角度来看，红色文化美学意蕴可以从以下几个方面进行分析。

一是红色文化美学意蕴体现在其独特的历史背景和文化内涵上。红色文化是在中国共产党的领导下，通过长期的革命斗争形成的文化现象。其以革命历史为背景，以抗战斗争为题材，通过艺术作品传达了红色精神和英雄主义。在这一过程中，红色文化不断地吸收和融合了中国传统文化的元素，形成了一种特有的美学风格。

二是红色文化美学意蕴展现在其丰富的艺术表现形式上。这些表现形式包括绘画、雕塑、音乐、戏剧、电影等。在绘画领域，红色文化美学意蕴通过描绘革命历史场景和英雄人物形象，展现了红色精神的力量和美感。在音乐领域，红色歌曲以其激昂的旋律和深入人心的歌词，传递了红色的信念和充沛的革命情感。而在戏剧和电影领域，红色故事的叙述和表现，更是将这种美学意蕴淋漓尽致地展现出来。

三是红色文化美学意蕴还体现在其深刻的教育意义上。红色文化不仅仅是一种艺术形式，更是一种具有强烈教育意义的载体。通过红色文化的艺术表现，人们可以了解历史、认识英雄、传承精神，从而增强民族自豪感和凝聚力。同时，红色文化也具有强烈的现实意义，它激励着人们为实现中华民族伟大复兴而不懈努力。

四是红色文化美学意蕴的传承与发展需要不断地创新和突破。随着时代的发展和社会的变迁，红色文化美学意蕴也需要与时俱进，适应现代人的审美需求和文化背景。这就要求艺术家在继承和发扬红色文化的同时，注重创新和变革，使红色文化美学意蕴在新的历史条件下焕发出新的生命力。

3. 社会层面的价值分析

红色文化美学是对中国革命历史和社会主义建设成果的审美体现和价值追求。其不仅是一种艺术表现，更是社会层面价值观念的体现。红色文化美学意蕴体现了革命精神的传承。在长期的革命历程中，无数革命先烈为了民族复兴和人民解放，抛头颅洒热血。这种英勇无畏、无私奉献的革命精神，成为红色文化的重要组成部分。通过红色文化作品的创作和传播，人们可以更加直观地感受到革命先烈的英雄事迹，从而在心灵深处接受红色文化的熏陶，将这种红色精神发扬光大。

红色文化美学彰显了社会主义核心价值观。红色文化作品往往强调公平正义、团结友爱、勤劳朴实等价值观念，这些都是社会主义核心价值观的具体体现。通过对红色文化作品的欣赏和学习，人们可以更好地认识到社会主义核心价值观的重要性，从而自觉地践行这些价值观，为构建和谐社会做出贡献。

红色文化美学蕴含着民族自豪感的培养。红色文化作品中展现了中华民族在发展建设中取得的辉煌成就，这些成就是民族精神的体现，也是民族自豪感的源泉。通过红色文化作品的传播，人们可以更加深刻地认识到中华民族的优秀品质和自强不息的精神，从而激发民族自豪感，增强民族凝聚力。红色文化美学还有助于强化社会责任感。红色文化作品往往强调个人应该为国家和社会的发展做出贡献，这种观念对于培养人们的社会责任感具有重要意义。在红色文化的熏陶下，人们将更加关注社会问题，积极参与社会建设，为实现国家富强、民族振兴而努力。

红色文化美学还具有强烈的教育意义。红色文化作品通过生动的故事情节和鲜明的人物形象，传达了正确的价值观和人生观。这些作品对于培养人们的思想道德品质具有积极作用，特别是对于青少年一代，红色文化作品可以帮助他们树立正确的世界观、人生观和价值观，引导他们走向健康成长的道路。

（三）红色文化与育人

红色文化作为一种特殊的文化形态，其具有深厚的历史底蕴。红色文化起源于中国革命历史，是无数先烈用鲜血和生命铸就的宝贵精神财富。在新时代背景下，红色文化与育人紧密结合，对于培养具有理想、道德、文化和纪律观念的新一代青年具有重要意义。

红色文化是培养青年人爱国主义情怀的重要载体。通过深入了解红色历史，青年一代可以更好地认识到祖国的伟大和先烈们的丰功伟绩。在此基础上，青年人将更加珍惜今天的幸福生活，自觉地为国家的发展和民族的振兴贡献自己的力量。红色文化中的爱国主义精神，可以激发青年一代的民族自豪感和自信心，使他们更加坚定地走中国特色社会主义道路。红色文化强调集体主义精神，有助于培养青年人的团队协作能力。在革命历史中，无数革命者为了共同的理想和信仰，团结一心，共克时艰。这种集体主义精神在当今社会依然具有重要的现实意义。通过学习红色文化，青年一代可以认识到个人的力量是有限的，只有团结协作，才能战胜困难，取得更大的成功。此外，红色文化中的团结协作精神也有助于提高青年人的社交能力和人际关系处理能力，使他们在社会中更好地融入和发展。

红色文化强调艰苦奋斗精神，对于培养青年人的创新创业意识具有积极作用。革命先烈们在艰苦的环境下，始终保持着坚定的信念和毫不动摇的决心，为实现民族复兴和人民解放而努力奋斗。这种艰苦奋斗精神在新时代依然具有重要的启示意义。青年一代应该继承和发扬这种精神，勇于面对困难和挑战，敢于创新和突破，努力成为新时代的创业者和建设者。此外，红色文化中的道德观念对于培养青年人的良好品质具有重要作用。先烈们在革命斗争中，始终坚持真理、正义和道德，为人民的利益而战斗。这种崇高的道德品质在当今社会依然具有重要的价值。青年一代应该学习红色文化中的道德观念，树立正确的价值观和道德观，自觉地做到诚实守信、敬业奉献、关爱他人，为构建和谐社会做出贡献。

四、红色文化融入大学生美育的意义与价值

（一）红色文化融入大学生美育的意义

红色文化是中华民族精神的重要组成部分，其承载着历史中革命先烈的英勇奋斗精神，凝聚着民族自豪感和民族认同感。将红色文化融入大学生美育，有助于培养青年学生对国家和民族的热爱，增强他们的民族自豪感。通过红色文化的学习，大学生可以更好地了解国家的历史和民族的传承，从而在心灵深处树立起正确的民族观和历史观。

红色文化丰富了美育教育的内涵。美育教育旨在培养人们的审美情趣和审美能力，而红色文化中蕴含的美学价值与革命精神，为美育教育提供了独特的素材。比如红色歌曲、电影、戏剧等艺术作品，以其鲜明的时代特色和深刻的历史内涵，能够激发大学生的审美情感，提升他们的审美品位。同时，通过欣赏和实践红色文化，大学生还可以学会在艺术创作中融入社会责任感和历史使命感，使他们的艺术表现更加富有深度和内涵。

红色文化有助于培养大学生的创新精神。红色文化所体现的革命精神和奋斗精神，正是当代大学生应具备的品质。在美育教育中融入红色文化，可以激发大学生的创新意识和探索欲望。通过研究红色文化的发展历程，大学生可以了解到在不同时期，人们是如何通过创新性的艺术形式来表达革命精神的。这将有助于他们认识到，在当今时代，创新同样是一种重要的精神力量，可以推动个人成长和社会进步。

红色文化融入大学生美育，有助于培养学生的社会责任感。红色文化中的英雄人物和英雄事迹，都是值得我们学习和传承的宝贵财富。通过对这些英雄事迹的学习，大学生可以体会到革命先烈们为了国家和民族的利益所付出的巨大牺牲。这将使他们更加珍惜当下的幸福生活，激发他们为实现中华民族伟大复兴的中国梦而努力奋斗的决心。同时，红色文化中的团结协作精神，也将对学生产生积极的影响，帮助他们在团队合作中发挥更大的作用。

（二）红色文化融入大学生育人的美育价值

红色文化是弘扬爱国主义精神的重要载体。红色文化中蕴含的革命历史和英雄事

迹，能够激发大学生的爱国热情，从而引导他们树立正确的世界观、人生观和价值观。通过观看红色影片、参观红色纪念馆、阅读红色经典等形式，大学生可以深入了解革命先烈们为国家和民族作出的伟大牺牲和贡献，从而增强民族自豪感和责任感。

红色文化有助于培养大学生的历史意识和使命感。了解红色文化，可以让学生更好地认识到中国红色历史的艰辛和曲折，理解国家发展的来之不易。这将有助于大学生树立远大的理想和抱负，明确自己的责任和担当，为实现中华民族伟大复兴的中国梦贡献自己的力量。

红色文化是传承优秀传统文化的重要途径。红色文化中的诗词、歌曲、戏剧等艺术形式，既体现了革命精神，又展现了中华民族的优秀传统文化。通过学习和欣赏红色文化中的艺术作品，大学生可以提高自己的审美素养，培养高尚的情操和品格。同时，这些优秀的艺术作品还能够激发他们的大学生的创造力和想象力，有助于他们在未来的工作中更好地发挥自己的才华和潜力。

红色文化对于培养大学生的团队精神和社会责任感具有积极作用。红色文化中的集体主义精神和团结协作的优良传统，可以帮助大学生树立正确的人际关系观，学会关心他人、团结合作。通过参加红色主题的志愿活动、社会实践等形式，大学生可以增强自己的社会责任感，为社会的和谐与进步做出贡献。

本章小结

当前，美育教育对于培养全面发展的大学生具有重要意义。本章围绕“大学生美育与红色文化”这一主题展开，探讨美育的概念、大学生美育的特点、红色文化的内涵以及红色文化融入大学生美育的意义与价值。美育作为一门培养审美情感和审美能力的学科，旨在提高人们的审美素养和艺术修养。对于大学生而言，美育不仅有助于丰富他们的精神世界，还能激发创造力和想象力，从而促进个性的全面发展。在此基础上，大学生美育具有其特殊性。由于大学生正处于知识体系和价值观形成的关键时期，美育教育在这一阶段尤为重要。它不仅能够满足大学生对美的自然需求，还能引导他们形成正确的世界观和价值观。红色文化作为中国革命历史的重要组成部分，承载着丰富的革命精神和民族精神。它通过文学、艺术等形式，传承先烈的英勇事迹和崇高品质，具有鲜明的时代特色和历史价值。将红色文化融入大学生美育，旨在让大学生在学习美的过程中，更好地理解和传承中华民族的优秀文化传统。

红色文化能够丰富大学生美育的内容和形式。通过欣赏和学习红色艺术作品，大学生可以更深入地了解中国革命历史，从而增强民族自豪感和爱国情怀。红色文化中的优秀作品和典型人物，也能为大学生提供丰富的审美素材和创作灵感。此外，红色文化对于培养大学生的社会责任感和使命感具有重要作用。通过红色文化的学习和传播，大学生可以更好地认识到自己作为新时代青年的责任，激发他们为实现中华民族伟大复兴的中国梦而努力奋斗的热情。同时，红色文化还能帮助大学生树立正确的价值观和人生观，引导他们在追求个人发展的同时，关注社会的进步和国家的繁荣。

章节测试

1. 美育对于大学生的意义是什么？
A. 提高审美素养和艺术修养
B. 丰富精神世界，激发创造力和想象力
C. 促进个性的全面发展
D. 所有以上选项
2. 大学生美育的特点是什么？
A. 正处于知识体系和价值观形成的关键时期
B. 能够满足对美的自然需求
C. 引导形成正确的世界观和价值观
D. 所有以上选项
3. 红色文化在中国历史中的地位是什么？
A. 重要组成部分
B. 承载着丰富的革命精神和民族精神
C. 通过文学、艺术等形式传承英勇事迹和崇高品质
D. 所有以上选项
4. 红色文化融入大学生美育的意义和价值体现在哪些方面？
A. 丰富美育内容和形式
B. 增强民族自豪感和爱国情怀
C. 培养社会责任感和使命感
D. 所有以上选项
5. 通过学习红色文化，大学生可以更好地认识到什么？
A. 中国革命历史
B. 新时代青年的责任
C. 为实现中华民族伟大复兴的中国梦的奋斗目标
D. 所有以上选项
6. 红色文化对大学生的价值观和人生观有何影响？
A. 树立正确的价值观
B. 引导关注社会进步和国家繁荣
C. 促进个人发展与社会贡献的平衡
D. 所有以上选项
7. 简述大学生美育的特点及其在全面发展中的作用。
8. 论述红色文化融入大学生美育的意义与价值，并结合实例进行说明。

案例分析

《建党伟业》赏析

一、红色元素在《建党伟业》中的体现

历史背景：电影以中国革命的诞生为背景，展现了中国近现代史上一段波澜壮阔的历程。这段历史是中国红色文化的源头，对于传承红色基因具有重要意义。

人物塑造：影片中的人物形象丰满、个性鲜明，如李大钊等中国革命的创始人，他们的崇高品质和坚定信仰，体现了红色文化中的英勇奋斗、自强不息的精神。

情感渲染：电影通过紧张的情节、感人的细节和震撼的画面，引导观众产生共鸣，激发民族自豪感和爱国情怀，这与红色文化中倡导的团结、拼搏、奉献的精神相契合。

艺术表现：电影运用多种艺术手法，如音乐、摄影、剪辑等，将红色文化的独特魅力表现得淋漓尽致。这些艺术手法不仅提高了影片的观赏性，而且使红色文化更加生动、易于传播。

二、红色元素与大学美育的联系

强化文化认同：通过观看《建党伟业》，大学生可以更深刻地了解中国革命的伟大历程，增强对红色文化的认同感和自豪感，从而为美育教育提供坚实的文化基础。

培养审美情趣：红色文化具有鲜明的审美特征，如英雄主义、浪漫主义等。大学生通过欣赏《建党伟业》，可以培养对红色文化的审美情趣，提高审美能力。

塑造健全人格：红色文化强调的是坚定信仰、忠诚担当、团结拼搏等品质。大学生通过学习《建党伟业》，可以塑造健全的人格，为成为社会主义事业的合格建设者打下坚实的基础。

传承红色基因：大学生是国家的未来和希望，通过观看《建党伟业》，可以传承红色基因，让红色文化在新时代焕发新的生机和活力。

实践活动

观看红色题材的影视作品、戏剧、舞蹈等，引导学生进行艺术欣赏。开展小组讨论，分析作品的艺术特点及其所传达的红色文化精神。

第二章

大学生的审美意识、能力与心理

学习目标

通过本章的学习，培养大学生对美的感知和认识，提高他们的美学素养。通过学习审美理论，了解不同艺术门类的审美特征和价值，从而增强大学生对美的敏感度和识别能力，引导他们关注生活中的美，发现并欣赏自然、人文、社会等各个方面的美丽进而运用所学的审美知识和技巧，对艺术作品、设计作品等进行客观评价和深入解读。还可以帮助大学生了解自身的审美倾向和心理特点，引导他们认识到审美活动对个人心理健康和情感调适的积极作用，培养积极向上的审美情感。同时，通过学习与交流，促使学生形成包容和尊重多元文化的审美态度，以及对美的辩证思考和批判性思维。

一、审美意识

审美意识是指个人或集体在审美活动中形成的对美的感知、认识、评价和创造的心理状态和能力。它不仅包括对美的感知能力，还包括对美的理解和欣赏能力，以及在审美活动中产生的情感体验。审美意识是人类文化的重要组成部分，它反映了人们的价值观念、思维方式和生活习惯。审美意识的形成和发展受到多种因素的影响，包括社会文化背景、教育水平、个人经验等。在不同的历史时期和文化环境中，人们对美的认识和评价标准会有所不同。如古典美学强调对称、和谐和比例等原则，而现代审美则更加注重创新、个性和多样性。在现代社会，审美意识不仅体现在艺术领域，也渗透到生活的各个方面，如服饰、建筑、设计等。它影响人们的消费选择、生活方式和社交互动。通过培养良好的审美意识，人们可以提高生活的质量和幸福感，同时也能促进社会文化的繁荣和发展。

审美意识是人类在欣赏和评价美的过程中，对美的规律、美的原则、美的形式和美的内容的理解和把握。这种意识是人类文化和精神生活的重要组成部分，它反映了个体对美的感知、认识和判断。审美意识的培养不仅能够提升个体的审美能力和品位，还能够促进人的精神世界的成长和发展。在当今社会，大学生作为知识精英和未来社会的主要建设者，增强他们的审美意识显得尤为重要。通过审美教育和实践，大学生可以更好地认识和体验美，从而提高自己的审美水平。这对于他们的个人修养、人际交往、职业发展以及社会责任感等方面都具有积极意义。

审美意识的培养有助于提高大学生的个人修养。在欣赏和评价美的过程中，他们能够学会观察、分析和思考，从而锻炼自己的思维能力和创造力。此外，对美的理解和把握还能使他们在日常生活中更加注重和谐、平衡和美感，提高自己的审美品位。审美意识的培养有助于改善大学生的人际交往。通过欣赏和评价美的过程，他们可以更好地理解他人的情感和价值观，从而增进相互之间的理解和尊重。这对于建立和谐的人际关系和促进团队合作具有重要意义。审美意识的培养对于大学生的职业发展具有积极作用。在各行各业中，审美能力往往是评价一个人综合素质的重要标准。具备较高审美水平的大学生在求职和工作中更容易获得成功，因为他们能够更好地把握设计、创意、沟通等方面的要求，为企业创造价值。审美意识的培养有助于培养大学生的社会责任感。通过对美的理解和把握，他们可以更加关注社会问题和环境问题，从而积极参与社会公益事业，为社会的可持续发展做出贡献。

根据现代教育理论，审美意识的培养对于大学生的成长和发展具有重要意义。在现代社会中，审美能力的提高不仅能够丰富大学生的精神生活，还能激发他们的创造力和想象力。为了适应大学生的实际情况，我们需要采用多样化的教育方法和手段来进行审美意识的培养。高校可通过举办各类艺术活动来激发大学生的兴趣。如组织校内的艺术展览、戏剧表演和舞蹈比赛等，这些活动能够让大学生近距离地感受艺术的魅力，从而提高他们的审美能力。此外，还可以邀请知名艺术家和学者来校举办讲座和交流，让学生们了解艺术背后的历史、文化和思想，进而增强他们对美的理解和欣赏。参观美术馆和博物馆是培养审美意识的重要途径。通过观赏各类艺术作品，大学生可以了解到不同时期、不同流派的艺术风格和特点，从而拓宽他们的审美视野。参观博物馆还可以让学生们亲身感受到历史的厚重，从而提高他们对传统文化的审美认知。欣赏经典音乐也是提升审美意识的有效手段。音乐是一种跨越时空的艺术形式，通过聆听不同风格和类型的音乐作品，大学生可以感受到音乐所传达的情感和意境。此外，还可以组织音乐分享会和音乐会，让学生们在欣赏音乐的同时，学会如何去评价和分析音乐作品，进一步提高他们的审美能力。

一个人的审美意识是从基础教育开始逐步形成的。因此，大学阶段的美育教育应以提高学生的审美素养为基础，通过各种艺术形式，如音乐、绘画、戏剧等，使学生在欣赏艺术作品的过程中，逐渐培养出审美观念①。如学校可以开设各类艺术选修课程，让学生在理论与实践相结合的过程中，提高自己的审美能力和艺术鉴赏力。美学教育不仅仅是艺术领域的事情，还与其他学科紧密相连。通过跨学科整合，可以将美学教育与文学、哲学、历史等学科相结合，从而拓宽学生的视野，使他们能够从多角度去理解和欣赏艺术作品。如学校可以组织跨学科的讲座和研讨会，让学生在不同学科的交流中，体验到艺术的多样性和丰富性。

审美意识的培养离不开实际操作的锻炼。大学阶段的美育教育应鼓励学生参与各类艺术实践活动，如戏剧表演、美术创作等，让他们在实践中不断提高自己的审美能

---

① 李俊峰．以“心育”促进五育有机融合——评《五育并举 立德育心》［J］．中国教育学刊，2023（1）：120.

力和创新能力。学校应为学生提供充足的资源和支持，激发他们的创造力和想象力。比如可以设立艺术创新基金，鼓励学生开展具有创新性的艺术项目。此外，大学美育还需关注个体差异与全面发展。每个学生的兴趣和天赋都有所不同，美育教育应充分考虑个体差异，因材施教。学校可以提供多样化的艺术课程，以满足不同学生的需求，同时鼓励学生在美育活动中发挥自己的特长，实现全面发展。比如学校可以设立各类艺术社团，让学生在参与社团活动的过程中，发现自己的兴趣所在，培养独特的审美意识。大学美育的审美意识培养应注重国际化视野。在全球化的背景下，美育教育应具有国际化的视角，让学生了解和欣赏不同国家和地区的艺术特色。这不仅有助于增强学生的审美意识，还能促进文化的交流与传播。比如学校可以组织国际艺术交流项目，让学生有机会亲身体验不同文化背景下的艺术创作。

二、审美能力

审美能力，是指个体对美的事物进行感知、鉴赏、评价和创造的能力。这种能力是涉及对美的感知力、理解力、判断力和创造力的综合素质。其是人在长期社会生活和文化活动中形成的一种心理活动和认知能力，不仅与个人的感性经验、知识水平和文化背景有关，还与社会文化环境、教育水平和社会风尚等因素密切相关。在感知层面，审美能力表现为对美的形态、色彩、声音等直观特征的敏感度和识别力。个体能够通过视觉、听觉等感官，捕捉到事物的美学特质，从而产生美的体验。在理解层面，审美能力体现为对美的内涵、象征和意义的深入理解。这需要个体具备一定的文化知识、历史背景和哲学思考能力，能够从多个角度解读和领会美的事物。在判断层面，审美能力是对美的价值观和标准的把握。个体能够根据自身的审美经验和社会的审美风尚，对美的事物进行评价和比较，形成自己的审美偏好和品位。在创造层面，审美能力则表现为创新和设计的能力，个体能够运用自己的想象力和创造力，创作出新颖独特、富有美感的作品。审美能力的提升需要通过持续的审美实践和学习来实现。这包括对艺术作品的欣赏、对自然美的观察、对日常生活美学的关注，以及参与创造性活动等。通过这些活动，个体不仅能够丰富自己的审美经验，还能够提高自己的审美判断力和创造力。此外，接受良好的审美教育，学习相关的理论知识，也是提升审美能力的重要途径。

审美能力的提升是一个长期且持续的过程，需要个体不断地通过审美实践和学习来实现。为了达到这一目标，个体可以采取多种方法来丰富自己的审美经验，提高审美判断力和创造力。以下是一些建议和策略，以帮助个体在审美方面取得更好的成果。对艺术作品的欣赏是提升审美能力的关键途径之一。个体可以通过参观美术馆、画廊和艺术展览，以及阅读艺术评论和研究资料，来了解不同时期、不同流派和不同文化背景下的艺术作品。通过深入地研究和欣赏这些作品，个体可逐渐培养出对艺术的敏感性和鉴赏力。对自然美的观察也是提升审美能力的重要方面。通过游历名山大川、欣赏自然风景，个体可以学会发现和欣赏自然界中的美。此外，对日常生活美学的关注也同样重要。个体应该关注身边的环境，如建筑、家居设计、时尚搭配等，从而培养出对日常生活中美学元素的敏感度。

在大学教育中，美育作为一项重要的教育内容，对于学生的全面发展具有不可替代的作用。审美能力的培养则是美育的核心目标之一，对于大学生的个人成长和未来发展具有重要意义。审美能力的提升不仅关系到学生艺术素养的提高，更对他们的人文素养、创新思维、社会责任感等方面产生深远影响。良好的审美能力有助于大学生塑造积极向上的生活态度和价值观。在美的体验和欣赏过程中，学生能够发现生活中的美好与积极面，从而培养出乐观、宽容的心态。此外，对美好事物的热爱有助于增强他们对社会和自然的尊重与关爱，为构建和谐社会做出贡献。

审美能力的培养对于激发学生的创新思维和解决问题的能力具有积极作用。美学体验往往需要个体进行主观的解读和创造，这有助于激发学生的想象力和创新思维。在面对问题时，具备审美能力的学生能够从多个角度进行思考，提出具有创意的解决方案，从而在各个领域取得突破。审美能力可以提高学生对美的感知和欣赏能力。通过对艺术、设计、音乐等领域的接触和学习，学生能够更好地理解和评价美的价值。这种对美的敏感度有助于他们在日常生活中发现美、创造美，进而培养出更为丰富的情感和内心世界。在欣赏和评价美的过程中，学生需要学会从不同的角度和层面去分析和解读作品。当面对复杂问题时，具备批判性思维的学生能够更加理性地分析问题，找出问题的关键所在，并提出合理的解决方案。美学体验往往涉及多个学科的知识，如文学、哲学、历史、科学等。通过对这些学科的综合运用，学生能够更好地理解事物的本质和内在联系。在面对问题时，他们能够运用跨学科的知识，从不同领域寻找灵感，提出创新性的解决方案。

审美教育能够增强大学生的文化自信和民族认同感。通过接触和学习不同文化背景下的艺术作品，学生能够更深入地了解和欣赏中华文化的博大精深。这不仅有助于增强学生的文化自信，还能促进文化的传承和发展。艺术和美的体验往往需要合作与交流，这有助于学生学会倾听、沟通和表达，增强团队协作精神。通过参与各类艺术活动，学生可以提高自己的社交能力，更好地融入社会。

三、审美心理

审美心理是人类在面对美的事物时产生的一种独特的心理活动和现象。它关乎感知、情感、思维、想象等多个心理过程，是人类认识美、体验美和创造美的基础。审美心理不仅受到个体的认知、情感、意志等内在因素的影响，而且与社会文化背景、教育水平、个人经历等外在因素紧密相连。在审美过程中，个体首先通过感官感知美的对象，如视觉、听觉等，这标志着审美心理的初级阶段。随后，个体对这些感知到的信息进行加工和解读，形成对美的初步认识。紧接着，个体会产生情感反应，如愉悦、激动、宁静等，这些情感体验是审美心理的核心部分。此外，审美还伴随着思考和想象的活动，个体会根据自己的经验、知识和价值观对美的对象进行深入的思考和创造想象。

审美心理的个体差异性是一个复杂且多元化的现象，它涉及生理、心理、文化和社会环境等多个层面。每个个体在这些方面的特点和经历都有所不同，因此对美的感知、欣赏和评价也会表现出丰富的多样性。在生理层面上，个体的感官系统差异会影响对美的感知。比如色彩敏感度的差别使得一些人对鲜艳的色彩更为敏感，而另一些人则对柔和的色调更为欣赏。听觉和嗅觉等其他感官的敏感度也会影响个体对美的体验。在心理层面上，个体的性格、兴趣和情感等因素也会影响审美心理。乐观、开朗的人可能更喜欢明亮、活泼的美；内向、沉稳的人则可能更倾向于宁静、深沉的美。此外，个体的审美经验、教育背景和认知水平也会对其审美心理产生影响。在文化和社会环境方面，个体所处的文化传统、社会阶层和生活环境等因素同样会对审美心理产生重要影响。比如不同文化背景下的人对美的理解可能存在显著差异；而社会环境中的艺术氛围、时尚潮流等会对个体的审美观念产生潜移默化的影响。随着时间的推移和个体经验的积累，审美心理还会发生变化。年轻人可能更容易受到潮流的影响，追求时尚和新奇的美；而随着年龄的增长，个体的审美观念可能会变得更加成熟和稳定，更注重美的内涵和价值。

审美心理的多样性和复杂性在很大程度上受到文化因素的影响。文化是一个广泛的概念，它包括人类的信仰、价值观、生活方式、艺术表达和社会习俗等多个方面。不同的文化环境孕育了不同的审美观念和审美标准，这些观念和标准在人们的日常生活和艺术创作中都有所体现。以东方文化与西方文化为例，它们在审美上的差异主要表现在对美的表现方式和审美情感的表达上。东方文化强调的是含蓄、内敛的审美情趣，倾向于通过暗示、象征和留白等手法来传递美感，让观者自行想象和体会。如中国的山水画往往追求意境和空灵，通过简单的线条和墨色变化来表现自然的壮阔和深远。这种审美方式鼓励观者深入思考，体悟作品背后的深层含义。相对而言，西方文化在某些时期更倾向于直接、明确和现实主义的审美风格。比如西方的肖像画和风景画往往追求形象的真实性和细节的精确描绘，通过色彩、光影和透视等技巧来展现事物的外观和质感。这种审美方式更注重直接的视觉冲击和现实感受，让观众能够直观地感受到作品所要传达的美。

在跨文化交流的过程中，了解和尊重不同文化的审美心理特点显得尤为重要。这不仅有助于我们更好地欣赏和理解不同文化的艺术作品，而且有助于促进不同文化之间的相互理解和尊重。比如在国际艺术展览或文化交流活动中，了解对方文化的审美偏好可以帮助我们更准确地传达自己的艺术理念，同时也能更加开放地接受和欣赏异域文化的艺术表现。因此，在全球化的背景下，培养跨文化的审美意识和能力是非常重要的。这要求我们不仅要有广阔的视野和开放的心态，还需要通过学习和体验来不断深化对不同文化审美心理的理解和认识。只有这样，我们才能在多元文化的大环境中游刃有余，共同推动人类文化的繁荣和发展。

审美心理的发展受到教育和环境的共同作用。通过艺术教育、文化活动等方式，个体可以培养和提高自己的审美能力。同时，社会环境对审美心理的塑造也起着关键作用。一个充满创意和艺术氛围的社会环境有助于激发个体的审美潜能。

审美心理在人类生活中具有重要意义。它不仅关系到个体的情感和创造力，还是人类文化和社会生活的重要组成部分。通过深入研究审美心理，我们可以更好地理解人类的文化行为和审美活动，进而促进个体和社会的和谐发展。此外，审美心理在艺术创作、设计、建筑等领域具有指导作用，有助于提升人类生活质量和审美水准。

本章小结

本章主要探讨了审美意识、审美能力和审美心理三个与审美活动密切相关的概念。审美意识是个人或集体在审美活动中形成的对美的感知、认识、评价和创造的心理状态和能力。它体现了个体对美的感知能力、理解和欣赏能力，以及在审美活动中产生的情感体验。审美能力是个体对美的事物进行感知、鉴赏、评价和创造的能力。这种能力涉及感知力、理解力、判断力和创造力等，与个人的感性经验、知识水平、文化背景等因素有关。提升审美能力需要通过审美实践、学习和接受良好的审美教育来实现。审美心理是人类在面对美的事物时产生的一种独特的心理活动和现象，涉及感知、情感、思维、想象等多个心理过程。审美心理不仅受到个体内在因素的影响，还与社会文化背景、教育水平等外在因素紧密相连。审美意识、审美能力和审美心理是相互联系、相互影响的三个方面，共同构成了人类审美活动的基础。通过不断地审美实践和学习，我们可以提升自己的审美能力，丰富审美经验，从而更好地认识美、体验美和创造美。

章节测试

1. 请简要阐述审美意识的概念，并说明其在审美活动中的作用。

2. 审美能力包括哪些方面？请列举三个方面并分别解释其含义。

3. 请描述审美心理的特点，并给出一个具体的例子来说明审美心理在日常生活中的体现。

4. 请结合自身经历，谈谈你是如何通过审美实践来提升自己的审美能力的。

5. 在大学生的日常生活中，你认为哪些活动有助于培养和增强审美意识与审美能力？请列举至少三个活动，并简要说明原因。

案例分析

《蒙娜丽莎》的审美体验

一、审美意识的形成与发展

在接触《蒙娜丽莎》这幅画作时，大学生可能已经通过艺术课程、网络资源等途径对其有一定的了解。他们对画作的作者、历史背景、艺术价值等有一定的认识，尝试通过讨论分析相关认识。

二、审美能力的展现

大学生在欣赏《蒙娜丽莎》时，会运用自己的感知力、理解力、判断力和创造力对其展开审美活动。他们可能会关注画作的色彩搭配、构图布局、光影处理等细节，分析蒙娜丽莎的微笑背后所蕴含的神秘感。

三、审美心理的体现

在欣赏《蒙娜丽莎》的过程中，大学生可能会产生各种各样的情感体验，如愉悦、好奇、敬仰等。这些情感体验是审美心理的重要组成部分，使他们在欣赏过程中更加投入和享受。同时，他们的审美心理也受到自己的个性、情感状态、文化认同等内在因素的影响，以及社会文化背景、教育水平等外在因素的制约。

实践活动

活动目的：通过组织艺术展览和互动研讨会，培养大学生的审美意识、审美能力和审美心理，提高他们对美的感知、欣赏和创造能力。

展览主题：选取具有代表性和时代特色的艺术作品，如现代绘画、雕塑、摄影等，展现多元化的审美观念。

展览筹备：组织大学生参与策展、布展、宣传等环节，提高他们的审美能力。

展览导览：设置专业导览员，为参观者讲解艺术作品背后的故事、创作背景和审美价值，培养参观者的审美意识。

互动环节：设置艺术作品互动区，鼓励大学生尝试创作，如现场绘画、雕塑等，锻炼他们的审美创造力。

第三章 自然之美

学习目标

通过本章的学习，理解人与自然的关系：学习者应能够深入理解人类与自然界的互动关系，认识到人类活动对自然环境的影响以及自然环境对人类社会的意义，培养尊重自然、保护自然的意识；感受风景美：通过欣赏各种自然景观，如山脉、河流、森林、草原等，学习者可以培养对自然美景的感悟和欣赏能力，了解风景美的构成要素和审美价值；认识生态美：学习者应掌握生态美的基本概念和特点，了解生态系统的平衡与稳定对于维持生态美的重要性，增强生态环境保护的意识，并探索人类如何在保护生态美的同时实现可持续发展；融入红色文化的自然之美：学习者应了解红色文化中的自然景观如何与革命历史相结合，形成独特的红色自然景观。通过学习，学习者可以更好地认识和传承红色文化，同时提高自身的审美素养和文化认同感。

一、人与自然的关系

人与自然的关系确实是一个复杂而微妙的议题。自古以来，人类与自然界的关系一直是一个不断发展和演变的过程。在这个过程中，人类与自然界紧密相连，共同构建了一个多姿多彩的生存空间。然而，随着人类文明的进步和科技的发展，这种关系也在不断地发生着变化。

在早期的史前时代，人类主要依靠采集和渔猎为生。这个时代的人类对自然界充满了敬畏之心，他们相信万物皆有灵性，与自然界保持着一种和谐共生的平衡状态。在这个时期，人类对自然界的影响相对较小，生态系统得以保持相对稳定的状态。随着农业时代的到来，人类开始尝试驯化动植物，以满足日益增长的食物需求。这标志着人类开始主动地改造自然环境，以适应自身的生存和发展。农业的发展使得人类能够在一定区域内长期定居，从而催生了城市文明的兴起。然而，这也意味着人类对自然资源的开发和利用开始加剧，对生态系统产生了一定的压力。进入工业时代后，人类对自然资源的需求和开发达到了前所未有的高度。大量的化石燃料被开采和消耗，导致环境污染和气候变化等问题日益严重。此外，为了追求经济效益，人类往往忽略了自然界的可持续性，过度开发和破坏生态环境。这使得人与自然的关系变得越来越紧张，生态系统的稳定性受到了严重威胁。在现代社会，人们逐渐认识到了人与自然关系的复杂性和微妙性。越来越多的人开始关注环保和可持续发展问题，倡导绿色生活，减少对自然资源的过度消耗。政府和企业也在逐步采取措施，推动清洁能源和环保技术的发展，以减轻对自然环境的负担。同时，科学家们也在努力研究生态系统的运行机制，以期更好地保护和恢复生态环境。

人与自然的关系是一个不断演变的过程。在人类历史的长河中，我们与自然界共同创造了一个多姿多彩的生存空间。然而，随着科技的发展和人类社会的进步，我们也需要不断地调整和优化与自然界的关系，以实现人与自然的和谐共生。这需要我们既要珍惜自然资源，又要关注生态环境的保护，共同努力维护地球这个美丽的家园。

人类与自然界之间存在着一种密切而复杂的相互依赖关系。在这种关系中，人类依赖自然界提供的丰富资源来满足基本的生活需求，如食物、水、空气等。这些资源是人类生存的基石，为我们提供了必要的营养物质和生活条件。此外，自然资源还为人类提供了能源、原材料等生产要素，这些要素对于推动科技进步、社会发展和经济增长具有至关重要的作用。在这个过程中，人类通过劳动和智慧，不断地开发和利用自然资源，将其转化为人类文明的成果。比如通过农业技术的发展，我们能够种植各种粮食作物，满足全球人口的粮食需求；通过工业生产和制造业的进步，我们能够生产各种商品和设备，提高生活质量。这些成果都离不开自然资源的支持和贡献。自然界不仅仅为人类提供了物质资源，还提供了必要的生态服务，如净化空气、调节气候、保持水土等。这些生态服务对于维护地球生态系统的平衡和稳定至关重要。比如森林和植被通过吸收二氧化碳并释放氧气，有助于减缓全球气候变暖的趋势；湿地生态系统能够净化水质，为人类提供干净的饮用水。这些生态服务为人类的生存和发展创造了良好的条件。随着人口的增长和经济的发展，人类对自然资源的需求不断增加，导致资源的过度开发和环境的破坏。这种状况对地球生态系统产生了严重的负面影响，如全球气候变化、物种灭绝、水资源短缺等。为了实现可持续发展，人类必须认识到自己在自然界中的地位和责任，采取切实有效的措施，保护生态环境，合理利用自然资源。

在人类与自然的关系中，寻求一种和谐与平衡至关重要。随着生态危机的日益严重，人们逐渐认识到可持续发展的紧迫性和重要性。可持续发展是一种旨在满足当代人类需求，同时确保未来世代同样能够满足自身需求的发展模式。为了实现这一目标，我们需要采取一系列综合性措施，包括合理利用资源、减少污染、保护生物多样性等方面。合理利用资源是实现可持续发展的基础。我们需要在资源开发与保护之间找到平衡点，确保资源的合理开发和有效利用。这包括提高能源效率、推广可再生能源、合理利用水资源和土地资源等。通过这些措施，我们可以降低对自然资源的过度消耗，从而为未来世代留下充足的资源。

环境污染不仅影响人类的健康和生活质量，还会破坏生态系统的稳定。因此，我们需要采取措施减少工业、农业和生活等方面的污染。这包括加强环境监管、推广清洁生产技术、提高废物回收利用率等。通过这些努力，我们可以减轻环境污染对人类和自然的影响。生物多样性是地球生命系统的重要组成部分，对于维持生态平衡和人类生存具有不可替代的作用。我们需要加强对自然保护区、野生动植物种群等方面的保护，以确保生物多样性得到有效保障。此外，我们还应该加强生态修复工作，努力恢复受损的生态系统，为未来世代创造一个繁荣的生态环境。

人类与自然的关系是一个动态的过程。随着科技的不断进步和社会的持续发展，人类对自然界的认识和利用也在不断深化。然而，在这个过程中，人类需要不断地调整自己的生活方式和发展模式，以适应自然界的变化，实现可持续发展。人类需要积极地调整生活方式，如通过使用节能和环保的技术和产品，减少对自然资源的过度消耗和浪费。人类还应该倡导绿色出行，鼓励使用公共交通工具、骑自行车或步行，以减少交通污染和能源消耗。垃圾分类和循环利用也是我们调整生活方式的重要措施，有助于减轻环境压力，保护自然资源。政府和企业应积极推动绿色经济的发展，鼓励应用和创新清洁能源技术，以减少对环境的污染和破坏。此外，加强对生态系统的保护和修复，保护生物多样性，维护生态平衡，也是实现可持续发展的重要途径。同时，加强生态教育，增强公众的环保意识也至关重要。通过教育和宣传，人们认识到环境保护的重要性，培养节约资源、保护环境的行为习惯。此外，还应倡导绿色消费，引导消费者选择环保产品，减少对环境的负担。

人与自然的关系是千百年来人类不断探索和思考的课题。随着社会的发展和科技的进步，人类对自然的依赖和改造越来越大，这不仅对自然环境产生了深远的影响，也对人们的精神世界产生了重要的影响。在这一过程中，美育作为一种特殊的教育形式，对于培养人们正确的人与自然关系观念，提升人们对美的感知和创造能力具有重要意义。美育能够帮助人们建立正确的人与自然关系观念。在长期的社会实践中，人们逐渐认识到，人类并非自然界的主宰，而是自然界的一部分[①]。美育强调人与自然的和谐共生，倡导尊重自然、保护环境的理念。通过美的体验和感悟，人们可以更加深刻地理解自然界的美丽和脆弱，从而产生保护自然的自觉行为。

自然界是一个丰富多彩的美的世界，山水、植物、动物等都蕴含着无穷的美。美育通过艺术的形式，如绘画、摄影、音乐等，使人们能够更加直观地感受到自然美的魅力。同时，美育还能够培养人们的审美情感和想象力，使人们在欣赏自然美的同时，产生更多的联想和创造。美育不仅是一种知识的传授，更是一种情感的培养。通过美的体验，人们能够产生对美好环境的向往和追求，从而激发起保护环境的行动力。比如环保艺术项目、绿色生活方式的推广等，都是美育在环境保护方面的具体实践。在全球化和城市化的背景下，人与自然的关系面临着诸多挑战。美育能够引导人们树立生态伦理观，倡导绿色发展、循环经济等可持续发展理念。通过美育的培养，人们能够在追求经济发展的同时，注重生态环境的保护，实现人与自然的和谐共生。

① 宋洪胜，田忠富，张丽．论人与自然和谐发展何以可能——兼驳“自然中心论”［J］．教育教学论坛，2013，000（011）：195－197.

二、风景美

风景美是一个广泛的概念，通常用来描述自然或城市环境中令人愉悦、引人入胜的景象。它可以是一种视觉上的享受，也可以是心灵上的触动，或者是两者的结合。从自然美学的角度来看，风景美是一种独特且引人入胜的审美体验，它往往与大自然的壮丽景色紧密相连。自然风光的魅力在于其多样性和无限可能，它既可以是崇山峻岭的雄伟壮观，也可以是大海的浩瀚无垠和波澜壮阔，更可以是森林的宁静祥和与生机勃勃。此外，自然界中的日出日落景观，以其绚丽多彩的色彩和光影变化，给人以无尽的遐想和感慨。这些自然美景无需人为雕饰，它们以其原始、纯粹的状态呈现在世人面前，展现出生命的活力。这种美来源于自然界的和谐与平衡，让人感受到生命的奇迹和宇宙的伟大。在欣赏风景美的过程中，人们不仅能够领略到自然景观的瑰丽，还能在心灵深处体验到与自然的紧密联系，从而更加珍惜和尊重我们共同的地球家园。自然美学作为一种审美观念，强调对自然景观的欣赏和保护。人们在享受自然美景的同时，也应该承担起保护自然的责任，以确保这些珍贵的景观得以永续传承。这需要我们在日常生活中采取环保措施，减少对自然环境的破坏，并积极参与生态环境保护活动，共同维护地球的生态平衡。

从人文美学的角度来看，风景美不仅体现在自然界的壮丽景观中，还深刻地表现在人类的创造之中。这些人造景观，如城市的天际线、古老的建筑、精致的园林以及富有特色的街区，都是人类文化、历史和艺术成就的体现，它们是人类智慧和创造力的象征。城市的天际线是一个充满活力的视觉展示，其通过摩天大楼、历史建筑和现代设计的独特结合，展现了一个城市的发展脉络和创新精神。每一座摩天大楼都是建筑师的杰作，它们不仅具有实用功能，还具有审美价值，成为城市的象征。古老的建筑则承载着历史的厚重感，它们见证了人类文明的发展和变迁。这些建筑往往具有精湛的工艺和独特的风格，如古罗马的斗兽场、中国的故宫、印度的泰姬陵等，它们不仅令人赞叹不已，更让人对历史产生敬畏之心。精致的园林则展示了人类对自然美的理解和追求。园林设计师巧妙地运用植物、水体、雕塑等元素，创造出和谐、宁静的空间，让人们在喧嚣的城市中找到心灵的慰藉。这些园林作品，如法国的凡尔赛宫、日本的龙安寺等，都是人类对美的追求和创造力的结晶。富有特色的街区则展现了地域文化的多样性和独特魅力。这些街区往往具有鲜明的建筑风格、独特的民俗风情和丰富的历史故事，如纽约的时代广场、巴黎的蒙马特高地、伦敦的科文特花园等，它们吸引着世界各地的游客，成为城市的名片。

风景美，作为一种独特的审美体验，不仅仅体现在自然景观或人文景观的外在形态上，更在于它能够触动人们内心深处的情感和记忆。一处风景可能会唤起人们对于童年时光的美好回忆，或是让人想起一段刻骨铭心的浪漫往事。这种美的体验是主观的，因人而异，使得每个人在欣赏风景时都能产生不同程度的共鸣。对于不同的人来说，同一处风景可能会唤起完全不同的感受和联想。有些人可能会在欣赏一片宁静的湖泊时，感受到心灵的宁静和安详；而另一些人则可能会在这片湖泊中看到自己成长过程中的点点滴滴。这种多样性正是风景美的魅力所在，它让我们在欣赏风景的过程中，不断地发现和挖掘自己的内心世界。因此，“风景美”不仅仅是外在形态的美，更是内在情感的共鸣。这种美的存在，让我们在忙碌的生活中找到了片刻的宁静和放松，也让我们在欣赏美景的同时，更加珍惜与自然的和谐相处。当我们置身于美丽的风景之中，我们不仅能够感受到大自然的鬼斧神工，还能够体会到人类文明的辉煌成就。在现代社会中，人们越来越重视风景美的价值，许多旅游胜地和城市景观都以其独特的风景吸引着游客。然而，我们在欣赏风景美的同时，也应该关注环境保护和可持续发展，让我们的后代也能享受到这美好的风景。只有这样，风景美才能真正成为人类共同的财富。

风景美作为一种美学价值，不仅体现在自然景观的美丽和壮观，还与其独特性和稀有性密切相关。一些罕见的自然现象，如绚丽的极光、五彩斑斓的彩虹，或者是那些罕见的动植物种类，都会因其稀有和不常见的特点而被认为具有极高的美感。这些自然奇观往往让人们惊叹不已，成为摄影师和旅行爱好者们追求的目标。同样，在人文景观方面，具有特殊文化或历史意义的地方也因其独特性而被人们所珍视。这些地方往往承载着丰富的历史故事和文化内涵，使得游客在欣赏美景的同时，也能感受到历史的文化底蕴。比如埃及的金字塔、中国的长城、罗马的斗兽场等，都是因其独特的历史地位和文化价值而成为世界著名的旅游胜地。为进一步提高风景美的价值，人们还通过保护和规划，使得一些景观得以持续发展和传承。比如建立自然保护区来保护珍稀动植物，修复和维护古迹，以及通过旅游规划和管理，确保游客能在尊重自然和历史的前提下，充分体验和欣赏这些美景。风景美的价值不仅仅在于其表面的美观，更在于其独特性和稀有性所赋予的深厚内涵。无论是自然景观还是人文景观，都应当在保护和传承的基础上，让更多的人能够欣赏，并从中感受到自然界和人类文明的无尽魅力。通过这种方式，我们将共同维护和发挥这一宝贵的美学价值，使其成为人类共同的精神财富。

风景美作为一种自然景观所带来的美感体验，在我们的生活中具有极其重要的意义。它可以体现在壮丽的山川、静谧的湖泊，或是四季更迭的自然景色中。这些美丽的自然景观不仅仅是大自然的恩赐，更带给人类心灵的滋养。它们不仅能够唤起人们的情感共鸣，还能够激发人们的想象力和创造力，从而使人们在欣赏美景的同时，不断提升自己的审美能力和艺术修养。在大学美育中，风景美扮演着举足轻重的角色。通过组织大学生进行户外写生、摄影、旅游等活动，让他们亲身感受大自然的魅力，从而培养大学生对自然美的敏锐观察力和深刻理解力。同时，这些活动也有助于培养大学生的团队协作能力和环保意识，使他们在欣赏风景美的过程中，学会珍惜和保护自然环境。此外，风景美还与文学、绘画、音乐等艺术形式紧密相连。许多著名的文学作品和艺术作品都是以美丽的自然景观为创作背景和灵感来源。大学美育课程中，教师可以通过分析这些作品背后的自然景观，引导大学生深入探讨风景美在艺术创作中的价值和意义。这样不仅能够提高大学生的审美素养，还能激发他们在文学、绘画、音乐等领域的创作热情。在全球化的背景下，风景美作为一种全球共享的文化资源，有助于促进不同国家和地区之间的文化交流与理解。通过欣赏和学习世界各地的风景美，大学生可以拓宽自己的国际视野，增进对其他文化的尊重和理解。

风景美在培养大学生审美情感方面具有举足轻重的地位。通过观赏自然风景，大学生得以亲身体验大自然的壮丽与和谐，从而深刻感受到自然之美。这种美的体验不仅能够激发大学生的想象力和创造力，还能培养他们对美的感知能力和欣赏能力。在现代社会，生活节奏越来越快，人们面临的压力也越来越大。而审美情感的培养对于提高大学生的生活品质和精神追求具有重要意义。通过观赏风景美，大学生能够在繁忙的学习生活中找到一丝宁静，从而更好地平衡身心，培养出一种积极向上的生活态度。此外，风景美的观赏还可以提高大学生的审美鉴赏能力。在欣赏自然风景的过程中，学生们可以学会如何观察和分析美的元素，如色彩、线条、形态等。这将有助于他们在生活中发现美、欣赏美，从而提高自己的审美水平。同时，风景美的观赏还能培养大学生的人文素养。自然风景往往与历史、文化、艺术等领域紧密相连。通过观赏风景美，大学生可以更好地理解和感悟这些领域的内涵，从而丰富自己的人文知识，提高自己的综合素质。

风景美在大学美育中的体现不仅丰富了校园生活，还对大学生的审美观念、人际交往能力和综合素质产生了积极影响。通过艺术创作，大学生可以更好地理解和体验风景美的价值。艺术创作为大学生提供了一个展示自己对风景美独特见解的平台。通过文学、绘画、摄影等多种形式，大学生可以将自己眼中的风景美呈现出来，从而提高自己的审美能力和创作技巧。同时，这也有助于培养大学生的观察能力和想象力，使他们更加关注自然和社会环境，发现生活中的美好。

三、生态美

生态美这一综合性概念，不仅包括了自然环境、生物多样性和人类活动之间的和谐关系，还强调了人类应当如何与自然环境相处，以实现可持续发展的目标。为了使内容更加丰富完整，提高语言表达的清晰度和专业性，并确保论点的连贯性和逻辑性，我们将从以下几个方面对生态美的内涵进行深入探讨。一个健康的生态系统是生态美的基础。为了实现这一目标，我们需要关注自然资源的合理利用、减少污染物排放、保护水土和植被等，以维持生态平衡。这不仅有助于保持地球的生物多样性，还能为人类提供一个良好的生活环境。生态美倡导人类与自然的和谐共生。这意味着我们需要关注人与自然的相互关系，尊重自然界的规律，尽量减少对生态系统的破坏。在这个过程中，人类应当学会与自然界中的其他生物共同分享资源，实现人类与自然的共赢。此外，生态美还涉及人类价值观的转变。我们需要树立尊重自然、保护环境的意识，将生态美的理念融入日常生活和社会发展中。通过教育、宣传和举办文化活动等途径，提高公众对生态美的认识和重视程度，从而引导人们采取更加环保的生活方式。

生态美是自然美学中的一个重要概念，它所体现的是自然界中和谐共生与多样性的完美结合。从宏观到微观，自然界的每一个角落都充满了生态美的痕迹。在雄伟的山川、广袤的森林、蜿蜒的河流以及复杂多样的动植物生态系统中，我们能够看到生态美的丰富表现。在生态系统中，各种生物相互依赖，形成了一个平衡的生态链。比如植物通过光合作用制造养分，成为其他生物的能量来源；而动物通过捕食和分解有机物，为植物提供养分。这种相互依存的关系使得生态系统保持稳定，呈现出一种和谐的美感。

生态美还体现在自然界中的色彩、形态、声音和气味等方面。比如春天的花海中，五彩斑斓的花朵竞相绽放，为大地披上一层绚丽的锦缎；秋天的林间，金黄的落叶铺满小径，给人一种宁静而致远的美感；冬日的雪景则是一片洁白无瑕，给人以纯净和宁静的感受。大自然中还有许多悦耳的声音，如鸟儿的歌唱、溪流的潺潺、风拂过树梢的沙沙声等，这些声音如同自然界的交响乐，给人以美的享受。不仅如此，自然界中的气味也是生态美的一部分。花香、树木的清新、泥土的气息等，这些自然的芬芳能够唤起人们深藏的记忆，为人们带来心灵的慰藉。

从环境伦理学的角度来看，“生态美”是涉及人与自然道德关系的一个重要概念。作为自然界的一部分，人类有责任尊重和保护自然环境，而非无限制地开发和破坏。环境伦理学强调人类应对环境承担责任，努力实现人与自然的和谐共生。这就要求我们在追求经济发展和改善生活的过程中，必须关注对环境的影响，努力减少污染、节约资源和保护野生动植物，以实现可持续发展的目标。从社会学的角度来看，“生态美”还体现在人类社会的可持续发展中。可持续发展是指在满足当代人需求的同时，不损害后代人满足其需求的能力。这就要求我们在发展经济的同时，关注环境保护和资源的合理利用。通过实施上述措施，我们不仅能够享受到生态美，还能够为子孙后代留下一个更加美好的世界。

四、融入红色文化的自然之美

红色文化既以过去为底蕴，其影响又辐射未来。随着社会文明进程的不断推进，红色文化在不同的时代和领域又有了新的发展。通常意义上，我们将资源大致分为自然资源、社会资源和文化资源。红色文化自然资源伴着地方特色，产生巨大的政治价值、经济价值、文化价值和教育价值。党的十八大以来，在国家政策的大力支持下，各地越来越重视挖掘本地区红色文化内涵，红色文化自然资源也愈加得以充分开发。中国一百个“红色旅游经典景区”名录（部分）见表3-1所列。随着红色旅游热潮的兴起，红色产业不断发展壮大，红色文化自然资源的市场越来越广阔，逐渐成为实现革命老区脱贫致富和乡村振兴的关键环节。纵观全国几个核心红色旅游开发区域，遵义、井冈山、韶山、沂蒙、延安这几个革命老区发展速度快，规模大，基础设施完善，走在了脱贫致富的前列。本书以大别山、井冈山红色文化自然资源开发为例，着重分析融入红色文化的自然之美。

表3-1　中国一百个“红色旅游经典景区”名录（部分）

北京	
1	天安门广场
2	中国人民抗日战争纪念馆、卢沟桥、宛平城
3	新文化运动纪念馆
4	李大钊烈士陵园
5	中国国家博物馆
6	中国人民革命军事博物馆
7	顺义区焦庄户地道战遗址纪念馆
8	北京奥林匹克公园
9	圆明园遗址公园
10	北京规划展览馆
11	宋庆龄故居
12	香山双清别墅
13	房山区没有共产党就没有新中国纪念馆
14	冀热察挺进军司令部旧址陈列馆
15	中国航空博物馆
天津	
1	周恩来邓颖超纪念馆
2	平津战役纪念馆
3	盘山烈士陵园
4	河北区天津市规划展览馆
5	和平区中共中央北方局旧址纪念馆
6	大沽口炮台遗址博物馆

（续表）

河北省	
1	石家庄市平山县西柏坡红色旅游系列景区（点）
2	石家庄市华北军区烈士陵园
3	邯郸市红色旅游系列景区（晋冀鲁豫烈士陵园，武安市晋冀鲁豫中央局旧址，涉县八路军一二九师司全部旧址）
4	保定市红色旅游系列景区（留法勤工俭学运动纪念馆，阜平县城南庄晋察冀军区司令部旧址，易县狼牙山风景区，安新县白洋淀景区，清苑县冉庄地道战遗址，唐县白求恩柯棣华纪念馆，涞水县野三坡平西抗日根据地，高阳县布里留法工艺学校旧址、高蠡暴动烈士陵园及纪念馆，涞源县雁宿崖黄土岭战斗遗址，顺平县冀中军区抗战后方基地）
5	唐山市红色旅游系列景区（乐亭县李大钊故居和纪念馆，丰润区潘家峪惨案纪念馆）
6	邢台市邢台县中国人民抗日军事政治大学陈列馆

（一）大别山红色文化资源的自然之美

1. 物质形态的大别山红色文化资源分布与利用概况

以信阳、六安、安庆、黄冈为代表的大别山地区，在新民主主义革命时期是具有一定代表性的革命发生地。通过对这四个地区保留的革命遗址、遗迹情况进行分析，可以在一定程度上反映出大别山老区其他地区革命遗址、遗迹的保留状况。因此，在探讨大别山革命遗址、遗迹的数量分布时，我们可以将信阳、六安、安庆、黄冈这四个地区作为典型案例进行研究。此外，大别山红色资源的物质形态和利用级别也值得关注。通过观察大别山部分地区的实物资源被列为文保单位和爱国主义教育基地的级别，我们可以了解到大别山红色文化资源的分布和利用情况。这些遗址和遗迹不仅是历史的见证，也是传承红色文化的重要载体。通过对这些资源的保护和合理利用，我们可以更好地弘扬和传承大别山地区的红色精神。信阳市共有文化遗产遗址 677 个，其中国家级文物保护单位 15 个、省级文物保护单位 34 个、市级文物保护单位 15 个、县级文物保护单位 187 个。此外，信阳市还有各级爱国主义教育基地，其中国家级 2 个、省级 3 个、市级 13 个、县级 55 个。六安市共有文化遗产遗址 549 个，其中国家级文物保护单位 19 个、省级文物保护单位 13 个、市级文物保护单位 10 个、县级文物保护单位 41 个。六安市也有各级爱国主义教育基地，其中国家级 3 个、省级 22 个、市级

8个、县级34个。安庆市共有文化遗产遗址913个，其中国家级文物保护单位2个、省级文物保护单位8个、市级文物保护单位11个、县级66个。该市也有各级爱国主义教育基地，其中省级6个、市级12个、县级30个。黄冈市共有文化遗产遗址695个，国家级文物保护单位4个，省级文物保护单位22个、市级文物保护单位14个、县级文物保护单位127个。黄冈市也有各级爱国主义教育基地，其中国家级2个、省级9个、市级7个、县级46个。

2. 大别山红色文化资源的美育价值

大别山区在中国革命历史中占有重要地位，该地区的红色文化资源非常丰富。据调查统计，大别山区的革命文物保护单位超过4000个，其中市县级及以上级别的重点文物保护单位达到1036个。大别山区一直被誉为是中国革命斗争的“模范区”。鄂豫皖三省交界处的大别山区，自古以来便是地理位置优越的战略要地。在革命斗争时期，大别山区始终积极响应党的号召，坚持武装抗争。同时，在多样文化和艰苦自然环境的熏陶下，大别山区孕育出了独特的红色文化。艰苦的环境锻造了大别山儿女宁死不屈、无私奉献的坚强意志和崇高品质。“坚守信念、胸怀全局、团结奋进、勇担先锋”的大别山精神，是革命环境最艰苦、斗争形势最险恶、挫折坎坷最频繁的战争岁月中熔铸的一座精神丰碑。作为中国共产党带领人民在探索、创新、进取过程中积累的宝贵财富，大别山红色文化资源源于特定的战争年代，随着社会建设的演进，在不同历史时期展现出不同的风貌，散发出鲜明的时代气息。比如在抗日战争时期，大别山红色文化资源展现为视死如归、宁死不屈的伟大抗战精神；在社会主义建设新时期，大别山红色文化资源表现为勤劳勇敢、敢为人先、艰苦创业、勇于担当的新时期精神。这些红色文化资源不仅对当时社会产生了重要影响，激励人民奋斗不息，对当今社会依然具有重要意义，成为新时期共产党人的精神力量源泉，也是新时代中国青年学习的宝贵素材。

（二）井冈山红色文化资源的自然之美

1. 井冈山红色文化资源的地域背景

井冈山位于江西省吉安市境内，是典型山岳型风景旅游区，更是著名的红色旅游景区。井冈山属亚热带季风气候，四季分明，雨量充沛，具有冬长、夏短、秋早、春晚的特点。井冈山上林木繁茂，有各类植物3800多种，其中井冈杜鹃最为著称。井冈山是中国五大革命圣地之一，是孕育中国革命的摇篮。党的秋收起义失败之后，毛泽东经过对革命情势的分析，放弃对大城市的进攻转而向更善于隐蔽和保护自己的农村进军。进军战略由起初的“城市包围农村”转为“农村包围城市”。经过三湾改编，建立起中国第一个农村革命根据地——井冈山革命根据地。井冈山精神蕴是革命先辈们优良传统的集中体现和宝贵的精神财富。特别的红色历史酿就了井冈山独有的红色文化。现在虽已不是战火纷飞的时代，却更需要我们深入挖掘井冈山红色文化的核心内涵。艰苦奋斗是井冈山精神的核心内容，也是党的优秀传统，我们要是在新时期的现实基础上将这种精神传承下去。

2. 井冈山红色文化资源的美育价值

（1）井冈山自然资源是开展大学生美育教育的理想之地。井冈山地处湘赣交界的罗霄山脉中段，山高林密，景色宜人，享有“天下第一山”和“天然氧吧”等美称，其自然资源可充分满足野外生存生活教育需求。首先，井冈山人口相对稀少。作为国家级自然保护区，井冈山禁止一切采伐、打猎、采药等山林作业，村民已经放弃了传统作业方式，主要从事旅游业，因此山林中人迹罕至。其次，井冈山森林覆盖率达到89%，其原始森林、高山、溪流、湖泊、悬崖陡壁等自然资源，可为设计和完成各种野外生存生活训练提供便利。再次，井冈山拥有 3 800 多种植物、800 多种动物资源，可为野外生存生活教育提供丰富的科普素材。最后，随着旅游业的兴旺，井冈山的交通、网络通信设施健全，可满足野外生存生活教育的联络需要。

（2）井冈山红色资源是一部大学生生活教育的教科书。秋收起义失利后，为保存革命火种，老一辈无产阶级革命家依托井冈山的地理、自然资源建立革命根据地。他们带领井冈人民在困境中与天斗、与地斗、与敌人斗，奋力拼搏，顽强生存，使得星星之火燃遍中国大地，最终取得了革命的胜利。他们在井冈山留下了革命斗争时期的一篇又一篇红色传说，如“红米饭、南瓜汤，秋茄子，味好香，餐餐吃得精光”“住岩洞，野宿营，干稻草，软又黄，金丝被儿盖身上，不怕北风和大雪，暖暖和和入梦乡”等乐观生存理念传说；“朱德挑粮上井冈”“垦荒种粮种菜、编草鞋、熬硝盐、建医院、挖草药、办军械厂”等自力更生闹革命传说；“送郎当红军”“红色少年送食盐”等军民鱼水情传说；“打得赢就打，打不赢就走”“敌进我退，敌驻我扰，敌疲我打，敌退我追”“挖陷阱，布竹钉阵，滚石檑木”等游击战略战术传说。革命先辈们为井冈山留下了“五大哨口、红军医院、烈士陵园、毛泽东旧居、三湾改编”等相关的宝贵革命遗址、遗迹。他们为井冈山留下的宝贵财富，既充分体现了老一辈无产阶级革命家适应自然、征服自然以及自力更生、艰苦奋斗、自强不息、不屈不挠的生存理念和革命精神，又为当今大学生传承井冈山精神，开展爱国主义、革命传统以及生活教育提供了活的教科书。

本章小结

本章深入探讨了人与自然的关系，强调了风景美、生态美以及红色文化与自然之美的结合。在人与自然的关系部分，我们认识到人类是自然界的一部分，应该与自然和谐相处，保护生态环境。同时，自然为人类提供了丰富的资源和美好的生活环境，我们应当珍惜并合理利用这些资源。在风景美方面，强调了自然景观对于人类审美价值的重要性。山川、河流、森林等自然美景能够激发人们的情感和创造力，同时也让人们在繁忙的生活中找到宁静与放松。通过欣赏风景美，我们可以更加深刻地理解大自然的神奇魅力。

生态美则关注于生物多样性和生态平衡的重要性。本章提倡保护和恢复生态系统，维护生物多样性，以实现人与自然的共同繁荣。通过保护生态美，我们不仅能够为后代留下一个宜居的地球，还能促进人类社会的可持续发展。

最后，本章探讨如何将红色文化融入自然之美。红色文化是中华民族的宝贵精神财富，通过将其与自然景观相结合，我们可以让更多人了解和传承这一文化。比如红色旅游景区的开发，让游客在欣赏自然美景的同时，感受到红色文化的深厚底蕴。

章节测试

1. 人与自然的关系应该如何理解和处理？

A. 人类是自然界的主宰，可以随意开发和利用自然资源。

B. 人类是自然界的一部分，应该与自然和谐相处，保护生态环境。

C. 人类应该只关注自身发展，不必在意自然环境。

D. 人类应该只保护那些对人类有用的自然资源，其他可以忽略。

2. 本章中提到的自然景观的审美价值有何重要性？

A. 可以激发人们的情感和创造力。

B. 可以让人们在繁忙的生活中找到宁静与放松。

C. 可以提高人们的社会地位。

D. 可以让人们更好地了解红色文化。

3. 生态美关注的重点是什么？

A. 生物多样性和生态平衡的重要性。

B. 自然景观对于人类审美价值的重要性。

C. 红色文化与自然之美的结合。

D. 人类如何开发和利用自然资源。

4. 如何将红色文化与自然之美相结合？

A. 通过旅游景区的开发。

B. 通过破坏自然环境。

C. 通过忽视生物多样性。

D. 通过只关注自身发展。

5. 本章通过多方面的探讨，引导我们认识到什么？

A. 保护自然环境、维护生态平衡的重要性。

B. 如何开发和利用自然资源。

C. 如何提高人们的社会地位。

D. 如何让人们只关注自身发展。

6. 请简述自然景观对人类审美价值的重要性。

7. 论述生态美的重要性及其对人类社会可持续发展的贡献。

8. 请设计一个结合红色文化与自然景观的旅游项目，并说明其目的和预期效果。

案例分析

大别山红色景区分析

背景概述：大别山地区是中国著名的革命老区，拥有丰富的红色文化资源。同时，大别山也以其独特的自然景观吸引着大量游客。本案例旨在分析大别山红色景区如何将红色文化与自然景观相结合，实现人与自然和谐共生的目标。

案例分析侧重：①强化游客对红色文化的了解和认同；②保护和恢复大别山的生态环境；③促进当地旅游业的可持续发展。

实践活动

1. 自然景观写生活动：组织参与者进行户外写生，通过绘画、摄影等方式记录和表达自然美景。这不仅能够培养参与者的审美能力，还能增强他们对自然美景保护的责任感。

2. 生态保护志愿活动：组织志愿者参与植树造林、清理垃圾、保护野生动植物等生态保护行动。通过实际行动，让参与者亲身体验保护生态环境的重要性。

第四章

社会之美

学习目标

通过本章的学习，理解红色文化的核心价值和内涵：学习者需要了解红色文化的历史背景、发展历程及其在中国社会中的重要地位，深入理解红色文化的核心价值观念，如爱国主义、集体主义、奋斗精神等；掌握红色文化的表现形式：学习者应掌握红色文化的多种表现形式，如文学、艺术、影视、戏剧、音乐等，了解这些作品如何传达和弘扬红色文化精神；认识红色文化在现代社会中的作用与意义：学习者需认识到红色文化在激发民族自豪感、凝聚民族力量等方面的重要作用，以及在当今时代背景下，如何更好地发挥红色文化的教育和启示功能；学会将红色文化融入日常生活与工作：学习者应学会在日常生活与工作中，积极践行红色文化所倡导的价值观和精神，例如通过参加志愿服务、关注社会公益、弘扬正能量等方式，将红色文化融入个人成长和社会进步；培养批判性思维，正确看待红色文化的发展与变迁：学习者需要具备批判性思维，能够分析和评价红色文化在历史与现实中的发展与变迁，认识到红色文化在不同时期的演变和适应性，避免片面理解；增强文化自信，传承和弘扬红色文化：学习者应增强对红色文化的信心和自豪感，积极参与红色文化的传承和弘扬工作，将红色文化的精神内涵融入现代社会发展，为构建美好社会贡献力量。

一、行为美

行为美作为一种审美观念，主要着重于探讨人们在行为表现中所展现的美学价值。在日常生活的点滴之中，人们或会遇见诸多令人愉悦和感动的美好行为。这些行为不仅为我们的感官带来享受，更在心灵深处给予人们慰藉和力量。行为美体现在人际交往中的礼貌与尊重。当人们在相互交流时，展现出关爱、尊重和包容的态度，便能使周围的人感受到温暖与和谐。这种行为不仅能够拉近彼此的距离，还能促进社会的和谐发展。比如当人们在公共场合礼让座位、主动帮助有需要的人时，这些细微的举动都能体现出行为美的力量。行为美还表现在个人修养与气质方面。一个人的言谈举止、仪表仪容和气质风范，往往能反映出其内在的涵养和素质。在日常生活中，我们可以通过不断学习和实践，提升自己的道德品质、文化素养和审美情趣，从而使得我们的行为举止更具美感。比如优雅的谈吐、得体的着装和大方的举止，都是行为美的具体体现。在当今社会，环保意识日益增强，人们越来越关注生态环境的保护，行为美也隐藏在生态环境保护之中。人们可以通过节约资源、减少污染、保护野生动植物等行为，展现出对地球家园的关爱。这种行为不仅有助于提高我们的生活质量，还能使我们的后代享受到更加美好的自然环境。

行为美在文化艺术领域的璀璨光辉，为人们的生活增添无尽的魅力。艺术家通过自己的创作，巧妙地将美好的行为融入作品中，让观众在欣赏的过程中，深刻感受到行为美的存在。无论是一部感人至深的电影，还是一场激情四溢的戏剧，其都能让人们在欣赏的过程中，体验到行为美的独特魅力。在文化艺术领域之中，行为美的表现不仅仅局限于视觉艺术，其还涵盖了音乐、舞蹈、戏剧和电影等多种艺术形式。艺术家凭借自己的创作才能，将美好的行为贯穿于作品的每一个细节，使观众在欣赏作品的过程中，感受到行为美的力量。这种行为美不仅体现在作品的内容和形式上，还体现在创作过程中艺术家的敬业精神和对艺术的不懈追求。举例来说，在电影中，演员通过对角色的深入挖掘延展出精湛的表演技巧，配合生动的故事情节，能使观众在观影过程中体会到行为美的魅力。同样，在一场精彩的戏剧表演中，演员们对角色的细腻刻画与导演在舞台布景和音乐配用之中的巧思相融合，也有效展现了戏剧中令人叹为观止的行为美。在音乐和舞蹈领域，艺术家通过对旋律、节奏和动作的准确把握，使观众在欣赏的过程中感受到一种美的享受。音乐家们的演奏和歌唱，以及舞者们的优美舞姿，都是行为美在艺术领域的重要体现。艺术作品使得行为美的观念得以广泛传播，成为人们追求美好生活的一种途径。艺术作品不仅让我们在审美上得到愉悦，还能激发我们去关注和思考现实生活中的行为美。在日常生活中，人们越来越注重礼仪、道德和文明行为，这些都是行为美在社会文化中的体现和延伸。

行为美与道德伦理之间的联系密不可分。在道德伦理层面，行为美主要体现在人们遵循道德规范、秉持正义、坚守诚信等方面。这些行为不仅对个人品质的提升具有重要意义，还对社会风气的塑造起到关键作用。通过弘扬行为美，人们可以更好地认识到道德伦理的价值，为构建美好社会做出贡献。遵循道德规范是行为美的基本要求。道德规范是人类社会长期积累的智慧结晶，它为人们提供了正确的行为准则和价值取向。当人们遵循道德规范行事时，他们在无形中传递出一种积极向上的精神力量，这对于提升个人品质和社会风气具有积极的影响。比如尊老爱幼、助人为乐等传统美德都是道德规范的具体体现，它们对于维护社会和谐稳定具有重要意义。秉持正义是行为美的重要体现。正义是人类社会普遍追求的价值观，它要求人们在面对不公平、不道德的现象时，勇于站出来捍卫真理和公正。当人们秉持正义，他们的行为将更具说服力和感染力，进而激发更多人关注社会问题，共同推动社会进步。比如在维持法治等方面，秉持正义的行为可以有效地提高社会道德水平。坚守诚信是行为美的有力保证。诚信是人际交往的基石，对于建立和谐的人际关系和社会环境至关重要。当人们坚守诚信，他们的行为将更加真诚可靠，从而赢得他人的信任和尊重。在商业领域，诚信经营是企业长远发展的保证；在社会生活中，诚实守信的人将更容易获得友谊和支持。因此，坚守诚信不仅有助于个人品质的提升，还对社会风气的塑造起到关键作用。

行为美在教育领域同样存有深远影响。应用行为美的教育活动不仅关注个体的外在行为表现，其更关注个人内在品质的培育与提升。教育者通过言传身教，将行为美的理念和与之相关的知识传授给年轻一代，使他们从小树立起良好的行为规范，这对于培养孩子们的社会责任感、团队协作精神和道德品质具有重要的影响。在教育过程中，行为美不仅成为学习的一部分，更是一种价值观的传承与弘扬。教育者需要以身作则，展现诚信、尊重、自律等美好品质，从而激发学生对这些价值观的认同与追求。此间，教育者还需关注学生的个体差异，采用因材施教的方法，帮助他们挖掘自身潜能，培养独特的个性。须知，行为美的教育并非仅限于课堂内。校园文化、家庭氛围、社会风气等多方面因素都会对学生产生深刻的影响。因此，教育者、家长和社会应携手努力，共同营造一个有利于行为美传承和发展的环境。通过举办各类活动，如志愿服务、社会实践等，让学生在实践中体验和感悟行为美，从而更好地将其融入日常生活。通过教育的力量，行为美的理念得以在社会中传承和发扬光大。这不仅有助于提高人们的精神境界，还能促进社会的和谐与进步。一个拥有良好行为传统的社会，将更加关注文明、道德和法治，为人们创造一个更加美好、和谐的生活环境。

二、健康美

健康美作为一种当代审美观念，已经逐渐成为人们关注的焦点。这一理念强调追求身体和心灵的和谐统一，使得美不再局限于外表的华丽，而是更加注重内在的健康和活力。为了达到这一目标，我们需要从多个方面来关注和调整自己的生活方式。一个合理的饮食结构可以为身体提供充足的营养，帮助维持健康的生活状态。人们应该多摄入新鲜蔬菜、水果、全谷物和优质蛋白质，同时限制高糖、高盐和高脂肪食物的摄入。此外，保持良好的饮水习惯也是保持身体健康的关键因素之一。锻炼身体是实现健康美的重要组成部分。通过定期进行有氧运动、力量训练和柔韧性练习，人们可以提高心肺功能、增强肌肉力量、保持关节灵活，并在一定程度上预防慢性疾病。适度的锻炼不仅可以改善体型，还能促进心理健康，提高自信和幸福感。除了饮食和锻炼之外，保持良好的心理状态同样重要。在快节奏的现代生活中，压力和焦虑已成为许多人的常态。为了维护心理健康，我们需要学会调整心态，保持乐观和积极的生活态度。可以尝试进行冥想、瑜伽等活动，帮助放松心灵，减轻压力。同时，保持充足的睡眠和与亲朋好友的亲密互动，也有助于维持良好的心理状态。

健康美这一观念强调了自然与真实的价值。在现代社会中，许多人面临着巨大的外貌压力，为了追求所谓的“完美”，不惜采取整容等手段来改变自己的容貌。然而，健康美主张人们接受自己的天然面貌，不必过分追求外在的美。这种观念鼓励人们尊重自己的真实面貌，更多关注内在素质的培养，从而达到一种自然、健康的美丽状态。此外，健康美还强调了个体的自然美。这意味着人们应该学会欣赏自己独特的面部特征和身体形态，而不是盲目追求社会所认为的完美标准。每个人都有其独特的美，而这种美正是我们与生俱来的。通过接受自己的天然面貌，我们可以减少对整容手术和化妆品的依赖，从而降低自己身心健康的潜在风险。

健康美注重内在素质的培养。这包括了个人品德、知识、才能等方面的提升。一个内在素质高的人，往往更具吸引力和魅力。通过不断学习和成长，我们可以增强自信心，从而在外表上展现出更加自然、健康的美丽。此外，内在素质的提升也有助于我们在社会中建立更为深厚的人际关系，进一步提高自己的生活质量。健康美同时倡导一种全面的健康生活方式，包括合理的饮食、规律的锻炼、充足的睡眠等方面。通过保持健康生活方式，我们可以让自己的身体和精神保持在最佳状态，有助于预防各种疾病，提高我们的生活质量和幸福感。

健康美丽与社会责任之间的关系密不可分。人们在追求个人健康的过程中，也应该承担起保护环境和推动社会可持续发展的责任。这意味着人们需要在日常生活中采取一系列环保措施，减少对地球的负面影响。这包括使用节能设备、合理利用资源、减少浪费以及支持可再生能源的发展。通过这些举措，人类不仅能够为自己创造一个更加健康的生活环境，还能为社会的可持续发展做出贡献。在追求个人健康的过程中，人们也应该关注社会公平和福祉，关注弱势群体的健康状况。必要情况下，地方政府和社会公益组织可为此类人群提供基础的支持和帮助，以确保每个人都能够享有健康的生活。人类应认识到个人健康与社会整体健康之间联系紧密。一个健康的社会环境能够为个人提供优质的医疗服务、良好的生活环境以及充足的发展机会。因此，人们在追求人个健康的同时，也应该关注社会整体的健康发展，共同营造一个有利于社会各阶层民众维持身心健康的社会环境。

健康美不仅仅是一个人的身心健康，它还体现在人际关系的和谐上。一个拥有健康美的人，往往能够与他人建立良好的关系，展现出友善、热情和关爱的一面。这种人际关系的和谐，对于个体在生活中获得更多的支持和帮助，从而更好地实现健康美的目标具有重要意义。当一个人拥有广泛的社交圈子和朋友时，他们会更加乐观、自信和快乐。这些积极的情绪和心态对于维持健康至关重要，因为它们可以帮助个体更好地应对压力和挑战，从而减少潜在的心理问题。良好的人际关系能够带来互相支持和帮助。在面对生活中的困难和挑战时，朋友和家人的支持可以成为我们应对问题的重要力量。这种支持不仅包括情感上的关心和陪伴，还包括实际行动上的帮助和建议。通过互相帮助，个体能够更好地实现健康美的目标。在现代社会，人际关系网络对于个人的发展和成功具有重要作用。一个拥有良好人际关系的人，更容易获得事业上的成功和社会地位上的提升。这些事业上的成功和地位的提升，反过来又有助于个体实现健康美的目标，如提高生活品质、享受更好的医疗服务等。

三、精神美

（一）民族精神

民族精神是一个民族在长期的历史发展过程中形成的，具有独特性和生命力的精神品质。这种品质不仅仅是一种文化传承，更是一种精神力量，对于一个民族的凝聚力、创造力和生命力具有重要意义。民族精神的内涵丰富多样，既包括道德观念、价值取向，也包括思维方式、行为习惯等方面。它是民族历史积淀的产物，也是民族适应环境、不断发展的重要动力。中华民族的民族精神可概括为爱国主义、团结互助、勤劳勇敢、自强不息等。爱国主义是中华民族精神的核心，体现了民族对国家的忠诚和对民族利益的维护。在历史的长河中，中华民族始终坚守国家利益，捍卫民族尊严，为实现民族复兴而不懈努力。团结互助是中华民族精神的重要组成部分，其强调民族内部的凝聚力和互助合作，以共同应对外部挑战。在漫长的历史进程中，中华民族各族人民共同努力，携手前进，形成了独特的民族团结精神。这种精神在历史的各个时期都得到了充分体现，尤其是在面对外来侵略和自然灾害时，民族的团结互助精神更是发挥了关键作用。勤劳勇敢是中华民族的优秀品质，代表着民族在艰苦的生活环境和严峻的历史条件下，始终勤劳致富、勇敢拼搏的精神风貌。这种品质使得中华民族在历史的长河中不断发展壮大，为人类文明做出了重要贡献。自强不息是中华民族精神的重要体现，其强调在不断变革的时代背景下，民族要勇于自我革新，努力提升自身素质，追求更高的目标。

民族精神的形成和发展是一个漫长而复杂的过程。民族精神既是民族文化的深厚积淀，也是一个民族在历史长河中面对各种困难和挑战时所展现出的坚韧和不屈。这种精神品质不仅仅体现在文化传承上，还深刻地影响着民族的凝聚力和向心力。在近现代历史中，中国人民面临着外来侵略和内部战乱的严重威胁。在这样的困境中，他们始终坚定信念，团结一心，奋力抵抗。中华民族不仅成功抵御了外来侵略者，还在漫长的斗争中实现了更好的发展，这种不屈不挠、勇往直前的精神，正是民族精神的生动体现。民族精神的传承和发展，需要每一代人的共同努力。在新的历史时期，人们应当继续弘扬民族精神，培养具有坚定信念、敢于担当、勇于创新的新一代。只有这样，才能不断推动民族的进步和发展，实现民族的繁荣和强盛。

民族精神对于一个国家和民族的发展具有至关重要的意义。一个具有强大民族精神的国家，能够在激烈的国际竞争中坚守自己的底线和尊严，维护国家的利益。在面对各种困难和挑战时，民族精神能够激发出人民团结一心、共克时艰的决心和勇气，从而在逆境中不断壮大自己，实现国家的繁荣昌盛。新中国成立后，国家面临着重建和发展的艰巨任务。正是依靠着民族精神的支撑，中国人民在党的坚强领导下，成功地进行了社会主义建设。在这个过程中，全国各族人民团结协作，发扬着艰苦奋斗、自强不息的精神，克服了一个又一个困难，取得了举世瞩目的成就，实现了从站起来、富起来到强起来的历史性跨越。中国人民在民族精神的指引下，不但在经济建设方面取得了巨大成功，而且在科技创新、文化繁荣、社会进步等方面也取得了显著的成果。这些成就的取得，离不开民族精神的激励和推动作用。

民族精神是一个国家和民族的灵魂，它能够激发出人们的创造力、凝聚力和战斗力。在当今社会，国际竞争激烈，各种挑战层出不穷。只有坚定地发扬民族精神，我们才能在这场竞争中立于不败之地，为国家和民族的持续发展创造更加辉煌的业绩。人们还需要认识到，民族精神不仅仅是一种精神力量，它还体现在我们日常生活的方方面面。我们应该从自身做起，将民族精神融入我们的工作、学习和生活中，不断提高自己的素质和能力，为国家的发展贡献自己的力量。

（二）时代美

时代美，作为一种随着社会发展和历史进程而产生和变化的美学概念，是特定时代背景下人们对于美的共同认知和追求。其不仅反映了一个时代的文化特征和社会风貌，而且还与人们的生活方式、价值观念和审美取向息息相关。在不同的历史时期，时代美的内涵和外延都有所不同。在古代文明中，时代美往往体现在对和谐、对称和秩序的追求上。比如在古希腊，人们崇尚人体美、建筑美以及诗歌、雕塑等艺术形式，强调美的和谐与比例。而在中国古代，人们则注重道家的自然美、儒家的道德美以及佛教的超脱美，形成了追求天人合一、内外兼修的审美观念。进入文艺复兴时期，时代美开始转向对人类理性和个性的关注。艺术家通过对古希腊、罗马文化的复兴，强调人的尊严和价值，提倡个性解放和创造力的发挥。这一时期的代表人物如达·芬奇、米开朗琪罗等。通过他们的作品，人们看到了一个充满生机、富有创造力的时代。近现代以来，随着工业化、城市化的推进，时代美逐渐呈现出多元化的趋势。现代艺术、流行文化、时尚潮流等各种美学形式应运而生，满足了人们日益丰富的审美需求。在这个过程中，人们开始反思传统的审美观念，追求创新、突破和个性表达，使得时代美不断发展和演变。

时代美是一个时代的风貌和审美观念的集中体现。每个时代都有其独特的审美标准和审美趋势，这些标准和趋势与当时的社会环境、文化氛围、科技发展和人们的价值观念紧密相关。这些因素共同塑造了一个时代对美的追求和表现，从而形成了各种不同的美学风格和艺术流派。以文艺复兴时期为例，当时的人文主义精神是一种对人的尊严和价值的强调，这种精神在艺术作品中表现为对人体美的关注和对个性的表现。艺术家通过对古希腊和罗马艺术的研究，重新发现了透视法和人体解剖学，使绘画和雕塑作品更加真实和生动。在 18 世纪的启蒙时代，理性主义和科学精神成为主导审美观念的核心。这一时期的艺术家追求秩序、对称和简洁，强调客观现实的表现。比如在新古典主义建筑和绘画作品中，人们可以看到对古希腊和罗马艺术的借鉴和发扬，展现了建筑师和画家对理性和科学的尊崇。进入 19 世纪，随着工业革命的推进和城市化的发展，浪漫主义应运而生。这一时期的艺术家强调个性、情感和自然，试图逃离现实的束缚，追求理想和自由。比如在浪漫主义音乐和文学作品中，人们经常可以听到对自然美景的赞美和对英雄事迹的歌颂。20世纪以来，随着科技的飞速发展和社会的多元化，审美观念也发生了巨大的改变。现代主义和后现代主义等艺术流派的出现，使人们对美的认识更加丰富和多样。在当今时代，互联网和社交媒体的普及使得信息传播更加迅速，人们的审美观念受到了来自世界各地文化的冲击和影响，形成了更加包容和多元的审美趋势。

时代美作为一种动态的平衡，体现了人类在追求美的过程中所展现出的包容性和创新精神。在这个过程中，人们不断地接受和采纳新的美学元素，同时也致力于保留和弘扬传统文化的精华。这种平衡不仅有助于保持文化的连续性和稳定性，还能激发出更多的创新和发展。须知，接受新的美学元素，是人类对时代变迁的适应和反应。随着科技的进步和全球化的推进，人们的生活方式和审美观念也在不断发生变化。在这个过程中，新的美学元素应运而生，满足了人们对于美的追求和表达。比如现代建筑、时尚设计和数字艺术等领域都充分展示了新美学元素的魅力，为人们带来了全新的审美体验。传统文化是一个民族的根基和灵魂，它蕴含着世代相传的智慧和价值观。在追求时代美的过程中，人们应当尊重和传承这些优秀的文化遗产，使其在新时代焕发出新的生机。而今现代中国传统绘画的未来走向，已经引起学术界的瞩目，是坚守还是延伸，是维持还是突破①。比如中国的传统绘画、书法和戏曲等艺术形式，不仅在国内外享有盛誉，还与现代艺术相互融合，展现出独特的魅力。在新旧美学元素的相互碰撞和融合中，艺术家得以打破传统的框架，创造出更加丰富多彩的艺术作品。这种创新不仅能够丰富人们的精神生活，还能为社会的发展提供源源不断的动力。

四、生活美

（一）服饰美

服饰美作为一种多元化的审美表现形式，不仅深入人们的日常生活，而且在很大程度上反映了个人品位、审美观念和文化背景。它已经超越了满足基本生活需求的范畴，成为一种彰显个性、传递社会地位和展现审美情趣的重要方式。服饰美的多样性体现在不同的风格和流派上。这些风格和流派往往与特定的历史时期、地域文化和生活方式紧密相连。比如古典服饰强调优雅与端庄，民族服饰则展现了各地的特色和传统工艺。在全球化的背景下，这些不同风格的服饰相互影响、融合与创新，使得服饰美呈现出更加丰富多彩的面貌。随着社会的发展和人们生活水平的提高，人们对服饰的需求不再仅仅局限于实用性，更多地追求个性化和时尚性。人们通过选择不同风格、

① 李隽．传统中的汉族工笔重彩与藏族唐卡的比较研究［D］．西北民族大学，2007.

颜色和材质的服饰来表达自己的个性和审美偏好，从而塑造独特的个人形象。

服饰美在塑造个人形象方面发挥着至关重要的作用。一个人的穿着打扮是他人对其第一印象的主要来源，而一个合适的服装搭配能够让一个人更具魅力，更显自信、优雅和得体。在职业场合，正确的着装能够彰显专业精神，增强他人的信任感。因此，在日常生活中，选择与自己个性相符的服饰，是展现服饰美的前提。服饰美体现在对色彩和图案的巧妙搭配。色彩和图案在服饰设计中占据举足轻重的地位，它们可以传递出人们的情感和心境。比如暖色调的服饰能够带来温暖、亲切的感觉，而冷色调则给人以沉稳、低调的氛围。通过恰当的色彩和图案搭配，服饰的吸引力得以进一步提升。个性化和创新也是服饰美的重要体现。随着时代的变迁，人们对个性化表达的需求日益增长。独特的设计和搭配使服饰成为展示个性的有效途径。设计师将传统元素与现代审美相融合，创造出具有特色和创意的服饰。消费者可以根据自己的喜好和需求，进行个性化的搭配和改造，使服饰成为自己独特风格的展现。

（二）器皿美

器皿美是指在器皿造型、纹饰、材质等方面所体现出的审美价值。这种美学观念强调的是器皿与人们日常生活的紧密联系，以及器皿所具有的独特审美特点。在这里，器皿不仅限于传统的陶瓷、玻璃等材质，还包括金属、塑料等现代材质制品。器皿美的特点主要表现在以下几个方面。首先是形式美。器皿的造型和线条应该简洁、流畅，给人一种和谐的美感。这种美感往往与器皿的实用性相结合，使得器皿在满足使用需求的同时，也能成为一种艺术品。其次是材质美。器皿的材质应该具有良好的触感和观感，使人们在使用过程中能够感受到美的享受。再次，器皿的纹饰和色彩也是器皿美的重要组成部分。纹饰应该富有创意和寓意，色彩则要和谐搭配，以增强器皿的视觉冲击力。器皿美在生活中的应用广泛，无论是家庭生活中的餐具、茶具，还是工作场合的办公用品，都可以通过器皿美的应用，提升生活品质和工作效率。比如设计精美的餐具可以让人们在用餐时感受到愉悦的氛围；富有创意的办公用品则可以激发人们的工作灵感。最后，器皿还可以作为礼品，传递友谊和祝福，从而升华自身的美学价值。

器皿美的追求确实是一种重要的文化传承方式。在不同的历史时期和地域文化中，器皿美的表现形式各具特色，这不仅反映了各个民族的审美观念和技艺水平，还体现了社会发展和文化交流的深刻影响。比如中国的青花瓷以其独特的青蓝色花纹和精湛的制作工艺闻名于世，成为中国传统瓷器艺术的代表；而法国的彩绘瓷则以其丰富的色彩和优雅的设计赢得了广泛的赞誉，展现了欧洲瓷器艺术的独特魅力。

（三）饮食美

饮食美，顾名思义，是指在饮食过程中所体现出的美感和审美价值。它不仅包括食物的色、香、味、形等方面，还涉及饮食环境、餐具美观以及饮食文化的内涵。为了更好地理解饮食美的概念，我们需要从多个角度进行探讨。食物本身的美学价值是饮食美的核心。美食的色彩搭配、香气扑鼻、口感丰富以及形状独特，共同构成了一道菜的吸引力。美食的色、香、味形不仅能够刺激人们的味蕾，还能够带来视觉上的享受。比如一道精致的寿司，其鲜艳的色彩、独特的形状和恰到好处的口感，都让人在品尝的瞬间感受到美的体验。饮食环境对于饮食美的提升也起到了关键作用。一个优雅、舒适的环境可以让人们在用餐过程中更加放松，进而更好地体验食物的美好。环境的设计、布局和装饰都应该与食物的特点相协调，以营造出一种和谐统一的美感。比如在一家日式料理餐厅中，简约的装饰、柔和的灯光和清新的绿植，都有助于营造出一种宁静雅致的氛围。

餐具的美观性也是饮食美的重要组成部分。精美的餐具不仅能够衬托出食物的美，还能够提升整体的用餐体验。餐具的材质、形状、纹饰和色彩都应该与食物的特点相协调，以实现美的追求。比如一套精致的瓷器餐具，其光滑的表面、优雅的纹饰、和谐的色调，都能够为用餐者带来愉悦的视觉感受。饮食文化的内涵是饮食美的灵魂。饮食文化包括地域特色、历史传承、烹饪技艺等多方面的内容。了解和传承饮食文化，能够让我们在品尝美食的过程中，更加深刻地体会到食物背后的故事和价值。比如品尝四川火锅时，我们可以了解到其麻辣的特点与四川地区的湿润气候有关，以及火锅中各种食材的搭配和烹饪技巧。

五、劳动美

（一）行业美

行业美，顾名思义，是指在特定行业中所展现出的美。这种美是一种独特而富有魅力的表现形式，能够体现出一个行业的特色与韵味。在不同的行业背景下，行业美所呈现的形式和内涵各有不同，但它们共同构成了该行业的精神风貌和价值观念。行业美体现在专业技能和精湛技艺上。在各个行业中，专业技能和技艺的运用与发展是推动行业进步的关键因素。无论是建筑行业的规划与设计、医疗行业的诊疗技术，还是艺术行业的创意表现，行业美在这些领域中都表现为对专业技能的追求与尊重。精湛的技艺不仅能够提高行业的整体水平，还能够为人们带来美的享受和精神满足。

随着科技的发展和社会的进步，各个行业都在不断地探索新的领域和可能性。创新与突破在很大程度上推动了行业的发展和壮大。在这一过程中，行业美表现为敢于挑战传统观念、勇于尝试新思路的勇气和智慧。这种美鼓励人们跳出舒适区，追求更高层次的目标和价值。行业的发展不仅仅是技术和经济的增长，更是对人类文明的贡献。在这一层面上，行业美表现为关心员工福祉、关注社会问题和积极参与公益事业的态度。这种美强调企业和社会的共同发展，倡导人们在追求经济利益的同时，不忘回馈社会和关爱他人。在现代社会，各行各业的分工日益细化，团队协作成为提高工作效率和实现目标的关键。行业美在这一层面上表现为携手共进、互相支持和共同进步的精神。这种美强调个人与团队之间的紧密联系，鼓励人们在合作中实现共赢，共同创造更加美好的未来。

（二）职业美

职业美是指在职业生涯中展现出的外在形象与内在素质的综合体现。它不仅仅是一种简单的外表装扮，更是一种职业素养和专业能力的外在映射。这一理念深入人心，意味着个人在职场中的表现和成功，既依赖于其专业技能和知识，也需要在形象和气质方面下功夫。

外在形象是职业美的重要组成部分。一个人的穿着打扮、仪态举止和言谈举止都会给他人留下深刻印象。一个得体的穿着打扮可以让我们在职场中显得更加自信和专业，有助于树立良好的职业形象。此外，优雅的仪态和礼貌的举止也是展现个人魅力的关键。通过良好的沟通技巧和丰富的人际交往能力，我们可以更好地与他人建立联系，促进团队合作和业务发展。内在素质是职业美的核心。一个人的职业道德、责任心、团队精神和自我管理能力等内在品质，直接影响到他在职场中的人际关系和工作效果。具备高度职业素养的个人，不仅能够在工作中展现出优秀的能力和成果，还能为团队带来正面的影响，提升整体的工作效率和氛围。在当今竞争激烈的市场环境中，不断提升自己的专业技能和知识，是实现职业发展的重要途径。通过不断学习和实践，我们可以更好地适应行业变化，把握职业发展机遇，从而在职场中取得更好的成绩。

从外在形象的角度来看，职业美在很大程度上体现在个人的穿着打扮和仪态表现上。它要求我们在选择服装和配饰时，不仅要充分考虑到自己所从事职业的特点，还要兼顾公司的文化氛围，以确保我们的外表既得体又专业。这不仅有助于树立良好的个人形象，还能提升我们在职场中的自信与专业度。在服装方面，我们需要选择适合自己职业特点的衣物。比如从事金融、法律等传统行业的人士，可能需要选择更为正式的西装、衬衫和领带；而从事创意产业、科技行业的人士，则可以选择相对休闲的装扮，如简约的衬衫、长裤和运动鞋等。同时，我们还应该关注公司文化和所在行业的着装要求，以确保自己的穿着不会显得格格不入。在配饰方面，我们需要掌握适度原则。适当的配饰能够提升整体的形象，但过多可能会让人觉得过于矫饰。我们可以根据职业特点和个人喜好，选择一些简约大方、品质优良的配饰，如领带夹、袖扣、手表等。这样既能展现个人品位，又能保持专业的形象。

六、融入红色文化的社会之美

（一）红色文化榜样的精神之美

红色文化作为中国先进文化的重要组成部分，承载着无数革命先烈的英勇事迹。红色文化榜样的精神之美，在这些革命先烈的事迹中得到了充分体现。红色文化榜样的首要品质就是忠诚于信仰，具有坚定的理想信念。在中国革命历史的长河中，许多革命先烈为了民族的独立和人民的幸福，毫不犹豫地投身于革命事业。他们始终坚守初心，为民族解放和人民幸福不懈奋斗。红色文化榜样具有英勇顽强的品质，敢于面对困难和挑战。在中国革命历程中，革命先烈们在艰苦的条件下，与敌人展开殊死搏斗。这种英勇顽强的斗争精神，正是红色文化榜样的精神内核，激励着一代又一代的中国人为实现民族复兴而努力奋斗。红色文化榜样还具有团结协作的品质。在革命斗争中，革命先烈们始终保持团结协作，互相支持，共同为民族解放事业而奋斗。他们懂得团结的力量，珍视集体荣誉，将个人的力量融入集体的洪流。正是这种团结协作的精神，使得红色文化榜样在艰苦的革命斗争中取得了一次又一次的胜利。与此同时，革命先烈们为了民族解放和人民幸福，甘愿过艰苦的生活，勤俭节约，努力为革命事业积累财富。他们以身作则，严格要求自己，为后人树立了艰苦奋斗、勤俭节约的典范。革命先烈们始终把人民的利益放在首位，全心全意为人民谋求幸福。他们为了民族解放和人民幸福，不惜付出生命的代价。这种全心全意为人民服务的精神，正是红色文化榜样的精神之美的最高体现。

（二）红色文化社会实践的行动之美

红色文化不仅仅是一种精神象征，更是一种推动社会发展的动力。红色文化社会实践的行动之美，正是通过实际行动来践行红色文化精神，为实现民族复兴贡献力量。在新时代背景下，红色文化社会实践的首要任务是弘扬红色文化精神，传承红色基因。我们要通过各种形式的活动，让红色文化深入人心，激发人们的爱国情怀。如开展红色旅游、举办红色主题讲座、组织红色文化艺术展览等，让人们在参与中感受红色文化的魅力，从而更好地传承红色基因。红色文化社会实践的行动之美体现在人们以实际行动践行红色文化精神。人们要学习红色文化榜样的优良品质，将忠诚于信仰、英勇顽强、团结协作、艰苦奋斗、全心全意为人民服务的精神融入日常工作和生活中。如在工作中，应敢于担当，勇于创新，为国家的发展贡献自己的智慧和力量；在生活中，应关心他人，助人为乐，传播正能量，为社会的和谐稳定做出贡献。

（三）融入红色文化的服饰之美

1. 具有鲜明的红色文化色彩

红色文化服饰，首先要具有鲜明的红色文化色彩。红色象征着革命、激情和力量，是红色文化的代表色彩。在服饰设计中，我们可以广泛运用红色元素，将具有红色文化象征意义的图案融入服饰中，让红色文化的精神得以传承和发扬。

2. 色彩、用料、式样的标准化

融入红色文化的服饰，还需要在色彩、用料和式样上做到标准化。在色彩方面，我们要注重红色与其他色彩的搭配和协调，使红色成为服饰的主体色彩，同时与其他色彩形成和谐统一的整体；在用料方面，我们要选择质地优良、环保健康的材料，使红色文化服饰不仅美观大方，还能为人们的健康生活提供保障；在式样方面，我们要

注重服饰的实用性和舒适性，同时兼顾时尚潮流，使红色文化服饰既具有传统韵味，又符合现代审美。

3. 体现出较强的整体配套性

红色文化服饰的设计，还要体现出较强的整体配套性。我们要注重服饰的整体风格，使红色文化元素与其他元素相互融合，形成和谐统一的整体。在配饰方面，我们可以选择具有红色文化特色的帽子、鞋子、围巾等，与主体服饰呼应，进一步提升红色文化服饰的整体美感。

（四）融入红色文化的劳动之美

1. 劳动是实现梦想的最好方式

劳动不仅是一种生产方式，更是一种精神追求。通过劳动，人们可以创造价值、实现自我价值，进而实现个人和国家的共同发展。红色文化倡导的劳动观念，强调人们要勇于担当，敢于创新，努力工作，为实现中华民族伟大复兴的中国梦而努力奋斗。劳动是人类智慧的结晶，也是人类文明进步的动力。通过劳动，我们可以不断学习新知识、掌握新技能，提高自己的综合素质，为国家的发展做出贡献。

2. 劳动是一种很好的教育方式

劳动是一种很好的教育方式，可以培养人们的爱国情怀、集体观念和社会责任感。通过参与劳动，人们可以亲身体验到劳动的艰辛和价值，从而更加珍惜劳动成果，懂得感恩和付出。红色文化提倡的劳动教育，可以帮助人们树立正确的人生观、价值观和世界观，激发人们的爱国热情，增强民族自豪感。同时，劳动教育还能培养人们的团队协作能力、创新能力和实践能力，为社会发展提供源源不断的人才支持。

本章小结

行为美是人类文明进步的重要体现，其涵盖了道德、礼仪、行为习惯等方面，是个人素质和社会文明程度的直接反映。在本章中，我们通过深入探讨行为美的含义、特点及其在社会生活中的重要性，帮助大家更好地理解和践行行为美。健康美是人们追求的一种生活品质，它不仅包括身体健康，还涉及心理健康和社会适应能力。在本章中，我们详细讨论了健康美的重要性、实现健康美的方法及其在促进个人和社会和谐中的作用。通过这些内容，希望大家能够更加重视健康美，努力提升生活质量。精神美是人类智慧和文化素养的综合体现，它包括民族精神、时代美等方面。在本章中，我们对精神美进行了深入剖析，阐述了民族精神的核心价值、时代美的特点和意义，以及如何培养和提升个人的精神美。希望大家在追求物质生活的同时，也能够关注精神层面的修养和成长。生活美是人类日常生活中的审美体验，它体现在服饰、器皿、饮食等方面。在本章中，我们从不同的角度对服饰美、器皿美、饮食美进行了详细的讨论和分析，指导大家如何在生活中追求美、创造美，并享受美的愉悦。通过这些内容，希望大家能够在平凡的生活中发现美的存在，提升生活品质。劳动美是人类通过劳动创造美好生活的过程，它包括行业美和职业美两个方面。在本章中，我们对劳动美的概念、特点及其在社会发展中的作用进行了全面阐述，并提供了实际案例，以帮助大家认识到劳动美的重要性和价值。希望大家能够珍惜劳动成果，尊重各行各业的劳动者，并努力提高自己的职业素养。红色文化是中华民族的独特精神财富，它弘扬了民族精神、革命精神和社会主义核心价值观①。在本章中，我们探讨了红色文化在社会发展中的重要地位和作用，以及如何将红色文化融入社会生活，推动社会进步和谐。希望大家能够深入了解红色文化，传承红色基因，为构建美好社会贡献自己的力量。

章节测试

1. 请结合本章内容，简述行为美在社会生活中的重要性。

2. 根据健康美的部分，阐述实现健康美的方法及其对个人和社会和谐的作用。

3. 精神美中的民族精神和时代美有哪些特点和意义？请结合本章内容进行回答。

4. 本章提到的生活美包括哪些方面？请从服饰美、器皿美、饮食美 3 个角度进行论述。

5. 劳动美包括哪些方面？请结合实际案例，说明劳动美在社会发展中的作用和价值。

6. 红色文化如何融入社会生活，推动社会进步和谐？请结合本章内容进行分析。

案例分析

健康美案例分析

选择一位热爱运动、生活方式健康的个人作为案例。通过访谈、观察他们的锻炼习惯和饮食习惯，分析健康美在个人生活中的表现和重要性。

实践活动

组织红色文化主题的社会实践活动（如红色旅游、红色电影欣赏等），让参与者深入了解红色文化并明晰文化融入现代社会的具体情况，于活动后进行总结。

---

① 侯良健．时政微视频的创作理念与主题表现［J］．中国编辑，2019（11）：5.

第五章

美术设计之美

学习目标

通过本章的学习，掌握绘画美的种类和特点，包括国画、油画、漆画等，了解不同绘画形式的艺术表现和审美价值；学习书法美的基本原理和技巧，包括书法的发展历程、不同书体的特点以及书法的审美标准；理解设计美的内涵和重要性，包括设计理念、设计元素、设计原则及设计审美的评价标准；认识建筑美的基本要素和风格，掌握不同建筑风格的特点和建筑审美的评价方法；了解雕塑美的表现形式和技艺，学习雕塑的创作过程、不同雕塑材料的特性以及雕塑的审美标准；熟悉红色文化美术设计的资源，包括红色历史、红色故事、红色象征等，掌握如何运用这些资源进行美术创作；探讨红色文化美术设计资源的应用价值，包括在教育、宣传、社会活动等方面的具体实践和影响；分析红色绘画经典作品的美育价值，学习如何欣赏和评价红色题材的绘画作品；探讨红色主题书法的美育价值，了解红色书法作品的艺术特色和教育意义；认识红色建筑的美育价值，学习如何欣赏和评价具有红色文化背景的建筑物。

一、绘画美

（一）国画美

国画，作为中国传统艺术的瑰宝，以其独特的审美特质和深厚的文化内涵，历经数千年的沉淀与传承，愈发显得璀璨夺目。这种艺术形式起源于中国古代，最早可追溯至新石器时代的岩画。随着时间的推移，国画逐渐发展成为一种具有高度审美价值和丰富表现力的艺术类型，它既包括了山水画、花鸟画、人物画等多种形式，也涵盖了工笔、写意、泼墨等丰富的技法。在审美特质上，国画注重意境的营造，强调“以形写神”，追求画面的空灵、清远与和谐。通过对自然景观、动植物、人物等元素的提炼和再现，画家们将自己的情感、思想和审美观念融入作品之中。这种独特的审美观念，使得国画作品往往具有一种超越现实的诗意和哲理，引人深思。此外，国画的深厚文化内涵也为其增添了无限魅力。中国传统哲学、道家、儒家等思想体系在国画中得到了充分体现。画家们通过对山水、花鸟等自然景观的描绘，传达了对自然的敬畏之情，以及追求天人合一的哲学理念。同时，国画中的人物画往往展现了古代社会的风俗、历史事件和民间故事，为我们了解古代文化提供了宝贵的视觉资料。在技艺方面，国画的发展历经多个朝代，各个时期的画家们在继承前人技艺的基础上，不断创新和完善，形成了各具特色的绘画流派。其中，工笔画以细腻的笔触和严谨的造型见称，着重表现物象的形态和质感；而写意画则强调以简练的笔墨表现物象的精神特质，追求画面的意境和气韵；泼墨画则是通过水墨的自然流动，营造出一种空灵、梦幻般的视觉效果。

国画之美，美在笔墨。笔墨作为国画的灵魂，不仅是一种独特的绘画技法，更是艺术家情感的抒发和内心世界的直接体现。通过墨色浓淡、线条粗细的变换，画家们能够表现出丰富的层次感和空间感，使画面既有立体感，又不失飘逸之美。此外，笔墨的运用还与画家的性格、修养和心境密切相关，使得每一幅国画都拥有独一无二的艺术风格。在中国绘画史上，历代名家都对笔墨有着自己独到的理解和运用。如宋元时期的大画家范宽，他的作品以笔墨纵横、气势磅礴著称，展现了他对自然的热爱和对生活的热情。而明代画家文徵明则以笔墨细腻、意境深远闻名，他的作品常常表现出一种超脱世俗的宁静之美。这些画作不仅仅是对自然景观的再现，更是画家内心情感的真实写照。笔墨的运用，不仅仅是技巧上的驾驭，更是一种审美观念的体现。在中国画中，线条的流畅与凝重、墨色的深浅与明暗都承载着丰富的情感和哲理。比如淡墨所表现的意境往往给人以空灵、清远之感，而浓墨则显得沉重、浓烈，给人以强烈的视觉冲击。此外，笔墨的疏密、干湿等变化也传达着不同的意境和氛围，使画面呈现出一种生动的气息。随着时代的发展，国画的笔墨技法也在不断地创新和发展。现代画家们在继承传统技法的基础上，融入了自己的个性和时代精神，使得国画的笔墨美更加丰富多彩。无论是写意画、工笔画还是泼墨画，都展现了国画笔墨的独特魅力和无限可能。

国画之美，美在意蕴与寓意。作为一种独特的艺术形式，国画不仅仅是对自然景观的再现，更是一种深刻的文化内涵和精神寄托。在国画创作中，画家们强调意境的营造，追求诗、书、画三者融合的境界，使作品具有丰富的思想内涵和审美价值。意境是国画的灵魂，它体现了画家对自然和社会的独特见解。通过运用各种绘画技巧，如水墨、设色、点染等，画家们在画面上营造出一种朦胧、空灵的美感，引发观者的无限遐想。画中往往蕴含着丰厚的哲理和隽永的诗句，如“山水含清晖”“竹影和诗瘦”等，使得观者在欣赏画面的同时，能够感受到画家的思想情感以及对自然和社会的独特见解。这种意蕴深远的艺术表现，让国画不仅仅是视觉上的享受，更是心灵上的触动和思考。

国画之美，还体现在寓意的传递。在中国画中，画家们善于运用象征和隐喻的手法，将吉祥如意、福寿安康等美好寓意融入作品之中。这些寓意既富有民族特色，又寄托了人们对美好生活的向往和追求。比如松鹤延年象征着长寿和不屈不挠的精神，竹报平安则寓意着坚韧和安宁。这些寓意深刻的艺术表现，使得国画不仅仅是一种艺术形式，更是一种承载着美好愿景的文化符号。在国画创作中，画家们还注重对传统元素的传承与创新。如山水、花鸟、人物等题材，都承载着悠久的历史和文化底蕴。画家们在继承传统技法的基础上，不断探索新的表现手法，使国画呈现出多样化的风格和内涵。这种对传统的尊重与创新，使得国画始终保持着生机与活力，成为中华文化的瑰宝。

国画之美不仅仅体现在其独特而深厚的文化内涵上，还体现在其丰富多样的艺术表现形式上。国画的题材广泛，涵盖了山水、花鸟、人物、动物等多个方面。这些题材相互交织，共同构成了一幅幅引人入胜、色彩斑斓的艺术画卷。在这些题材中，山水画以其壮丽的自然景观和意境深远的视觉冲击，成为国画的一大亮点。花鸟画则通过对自然界中花卉和鸟类的细腻刻画，传达了艺术家对生命力的赞美和对和谐生活的向往。人物画则以生动的形象和丰富的情感表现，展现了人类社会的多样性和复杂性。动物画则以形象逼真的描绘，展示了动物世界的神奇与美好。

与此同时，国画的风格也极具多样性。工笔画以其精细的线条和细腻的笔触，展现了国画艺术的严谨与精湛。写意画则以其自由奔放的笔触和强烈的个性表现，传达了艺术家对自然和生活的感悟与追求。重彩画则通过丰富的色彩运用，为国画赋予了强烈的视觉冲击力和艺术表现力。水墨画则以其简洁而富有变化的线条，展现了国画艺术的意境之美和宁静致远。各种风格的国画相互辉映，相互补充，使得国画艺术呈现出一种多元化、包容性的特点。这种多样性不仅使得国画在艺术表现上具有更广泛的吸引力，也使得国画在传承与发扬过程中不断创新和发展，展现了国画艺术的博大精深。正是这种包容与创新的精神，使得国画成为中国传统艺术的瑰宝，为世界艺术宝库增添了独特的魅力。

国画之美，不仅体现在其精湛的技艺和独特的艺术风格上，更源于画家们与自然和谐共生的生态智慧。这种生态智慧深刻地融入了国画的创作过程中，强调人与自然的和谐统一，倡导天人合一的哲学思想。在国画作品中，画家们常常巧妙地将人类活动与自然景观相融合，以细腻的笔触和丰富的色彩描绘出一幅幅生动的画面。这些画面不仅仅是对自然美景的再现，更是对自然生态的尊重和保护的表达。在这些作品中，人们可以看到山水、花鸟、鱼虫等各种自然元素与人类生活紧密相连，形成了一种和谐共生的生态观念。这种和谐共生的美学理念，不仅为人们提供了一种美好的审美体验，更为当今社会提供了一种可贵的生态智慧。在当前全球环境问题日益严重的背景下，国画中的生态智慧为我们提供了一种反思和启示。通过欣赏和研究国画，我们可以更加深入地理解人与自然的关系，从而在现实生活中积极践行环保理念，保护地球家园。此外，国画中的生态智慧还体现在对自然资源的珍惜和利用上。在创作过程中，画家们注重对颜料的选择和使用，倡导使用环保、可持续的颜料和材料。这种对自然资源的珍惜和合理利用，也是生态智慧的一种体现。

（二）油画美

油画，作为一种具有悠久历史的艺术形式，自古以来就以其独特的美感和表现力吸引着无数人的目光。它起源于欧洲文艺复兴时期，经过数百年的发展，已经成为世界各地广泛流行的一种绘画艺术。油画的色彩丰富多样，这是其美的一个重要方面。油画颜料具有极高的覆盖力，这使得艺术家可以通过层层叠加、调和，创造出从深沉内敛到明亮鲜艳的各种颜色。油画的色彩不仅丰富，而且具有独特的质感和层次。艺术家可以通过使用不同的笔触、厚重的颜料和光影的处理，使画面产生立体感和空间感。这种色彩的多样性和层次感，使得油画作品能够表现出丰富的情感和意境，从细腻的肖像画到壮观的风景画，都能淋漓尽致地展现生活的各种面貌。因此，油画作品往往具有较高的艺术价值和观赏性，能够让人们在欣赏的过程中产生共鸣，感受到艺术家所要传达的情感和思想。

油画的创作过程也是艺术家对色彩运用和掌控的一次挑战。艺术家需要充分了解颜料的特性，如干燥时间、透明度等，以便在创作过程中更好地发挥色彩的潜力。此外，艺术家还需要具备敏锐的观察力和想象力，以便捕捉现实生活中的细微变化，并将这些变化通过油画的形式表现出来。这种对色彩的驾驭和对现实的捕捉，使得油画作品更具生活气息和艺术魅力。随着时代的发展，油画艺术也在不断创新。现代艺术家在传统油画技法的基础上，融入了更多的现代元素和个人风格，使得油画作品呈现出更加多元化的风格。同时，油画教育的普及和发展，也为更多热爱油画的人提供了学习和实践的机会，进一步推动了油画艺术的繁荣。油画作为一种具有悠久历史的艺术形式，其独特的质感和表现力使其在艺术领域中占有举足轻重的地位。油画的美感不仅仅体现在色彩和构图上，更在于其丰富的质感所带来的视觉冲击和心灵共鸣。油画颜料的厚重感为艺术家提供了无尽的创作空间，使得画面呈现出独特的立体感和深度。通过对油画颜料的堆砌、刮刀等技法的运用，艺术家可以在画布上创造出各种各样的质感效果。这些技法不仅能够增强画面的立体感，还能够使观众产生身临其境的感觉。比如通过层层叠加的颜料，艺术家可以创造出山峦的峻峭、水流的波光粼粼，以及其他自然景观的生动质感。同时，通过在画面上施加不同压力的笔触，艺术家还可以表现出人物肌肤的柔软、衣物的质地等细腻之处，使作品呈现出更加真实和生动的效果。

油画的质感变化为作品赋予了独特的视觉冲击力。这种视觉冲击力不仅能够吸引观众的注意力，还能够激发观众的想象力，使他们在欣赏作品的过程中产生更多的感悟。此外，油画的质感与艺术家的个人风格和情感表达密切相关。艺术家可以将自己的情感和对作品主题的理解融入作品中，使作品具有强烈的个人情感色彩。这种个性化的创作方式使得油画作品具有独特的艺术价值和审美意义，成为艺术家与观众之间沟通的桥梁。

油画的光影处理是艺术家创作中的一个重要方面，它对画面的美感产生着至关重要的影响。通过对光线的捕捉和表现，艺术家能够在画面上创造出丰富的明暗对比，从而使作品具有更强烈的空间感。这种光影的运用不仅能够突出画面的重点，还能够营造出特定的氛围和情感，使作品更具动态美。在油画创作中，艺术家通过细致的观察和对光线的敏感把握，将光影的变化融入画作的每一个细节之中。通过对光源的定位、光线的方向以及物体表面反射光特性的描绘，艺术家能够在画布上呈现出光线如何在物体之间传递和变化的效果。这种对光影的精确处理，使得画面中的物体具有立体感，进而使整个作品更具艺术价值。光影处理在油画创作中还起着营造氛围的作用。艺术家通过对光线的强弱、色彩等的调整，可以创造出不同的氛围效果。比如暖色调的光线可以营造出温馨、舒适的氛围，而冷色调的光线则能够传达出一种神秘、寂静的感觉。同时，光影的对比和变化也能够表达出画面中人物或物体的情感状态。明亮的光线可以表现出欢乐、积极的情感，而阴暗的光线则能够传达出忧郁、沉思的情绪。

油画作为一种极具表现力的绘画艺术形式，其主题的广泛性无疑是其美学价值的重要体现。从人物肖像到风景画，从历史事件到日常生活，油画涵盖了各种题材，展现了人类生活的丰富多彩。这种多样性使得油画作品能够吸引更广泛的观众，使艺术更加贴近人们的日常生活。油画的历史沉淀为其美增添了厚重感。从文艺复兴时期的达·芬奇、米开朗琪罗，到现代的凡·高、毕加索，无数艺术家通过油画这一媒介，留下了永恒的艺术瑰宝。这些作品不仅代表了油画艺术的发展历程，也反映了人类文明的进步。从古典主义严谨的线条到浪漫主义激昂的色彩，从写实主义的细致描绘到抽象派的自由表达，油画艺术的演变不断地推动着人类审美观念的革新。

油画作为一种独特的艺术表现形式，其丰富的色彩和细腻的质感为艺术家提供了广阔的创作空间。油画颜料的厚重感使得作品具有独特的质感，艺术家可以通过多层次的颜料叠加，创造出深邃的空间感和丰富的视觉效果。同时，油画的色彩表现力非常强，艺术家可以通过对比、渐变等手法，表现出细腻的情感变化和复杂的心理状态。此外，油画作品的创作过程本身就是一种审美体验。艺术家在绘画过程中，不断地尝试、探索和创新，将内心的情感和思想融入作品之中，使得油画作品具有独特的生命力。这种创作过程不仅体现了艺术家对美的追求，也展现了人类对美好生活的向往。

（三）漆画美

漆画作为一种源远流长的中国传统艺术形式，在时代变迁中传承融汇创新，成为中华文化乃至东方文化的重要组成部分。这种艺术以其独特的美学价值，吸引了无数艺术爱好者和专业人士的关注。漆画的制作主要采用天然漆为原料，这种原料具有独特的质感和光泽，使得漆画作品呈现出独特的视觉效果。在漆画的创作过程中，画家需要经过一系列繁复的工序，包括选材、磨漆、调制、描绘、镶嵌、雕刻、上色等。每一个步骤都需要画家具有精湛的技艺和严谨的态度，以确保作品艺术价值。在这一过程中，画家的创意和技艺得以完美融合，使得漆画作品能够呈现出精美绝伦、富有层次的画面。

漆画的题材丰富多样，包括山水、花鸟、人物、神话传说等，既有传统的中国元素，也有现代的流行题材。这使得漆画在传承中国传统文化的同时，也得到不断的创新和发展。艺术家通过对漆画技艺的探索和实践，将传统文化与现代审美相结合，为漆画注入了新的活力。漆画作为一种独特的艺术形式，不仅在国内受到了广泛的赞誉，还在国际上赢得了一定的声誉。在许多国际艺术展览和交流活动中，漆画作品都成为展示中国文化魅力的重要载体，成为中外文化交流的重要桥梁，为推动中国文化走向世界发挥了积极作用。

漆画制作工艺独具匠心，深受艺术家和收藏家的喜爱。漆画的制作过程非常复杂，需要经过多道精细的工序，如涂漆、研磨、抛光等。这些工序不仅要求画家具备高超的技艺，还需要他们付出极大的耐心和毅力，才能将一幅画作完美呈现。涂漆是漆画制作的基础。画家需要选用优质的天然漆作为原料，通过多次涂抹，使漆层逐渐增厚。在这个过程中，画家需要掌握好涂漆的厚度和干燥时间，以保证漆层的均匀和牢固。此外，涂漆时还需要考虑色彩的搭配和层次感，使作品呈现出丰富的视觉效果。研磨是漆画制作的关键环节。在涂漆完成后，画家需要用砂纸、磨石等工具对漆层进行反复研磨，以去除表面的瑕疵和凹凸不平。这一过程对画家的手法和力度要求极高，稍有不慎就可能导致作品损坏。通过精心研磨，漆画表面会呈现出光滑如镜的质感，使作品更具观赏价值。接下来是抛光工序。抛光是提升漆画光泽度的重要环节。画家需要使用抛光膏和抛光布对漆画表面进行反复擦拭，使漆层更加光滑，呈现出独特的光泽。这一过程同样需要画家具备高超的技艺和对细节的把控。这种匠心独运的制作工艺，使得漆画作品具有了独特的艺术价值和收藏价值。每一幅漆画都是画家心血的结晶，展现了他们对艺术的执着和对美的追求。

当前，漆画艺术得到了前所未有的关注和支持。许多年轻画家投身于漆画创作，将传统技艺与现代审美相结合，为漆画注入了新的活力。这种融合使得漆画艺术在保留传统韵味的同时，也更具时代感和创新性。漆画教育也逐渐普及，让更多的人了解和热爱这门艺术。许多专业院校开设了漆画课程，培养了一批又一批的专业人才。这些专业人才不仅在技艺上得到了系统培训，而且在审美观念和艺术创新上也得到了全面培养。这为漆画的发展提供了源源不断的人才支持。

在漆画的传承过程中，人们不仅要关注技艺的传承，还要关注文化内涵的传承。漆画作为一种具有深厚历史底蕴的艺术形式，承载着丰富的文化价值。因此，漆画教育不仅要教授技艺，还要引导学生深入了解漆画背后的历史和文化内涵，使他们能够更好地传承和发扬这一优秀艺术。漆画艺术的发展还需要与时俱进，不断创新。在传统与现代的碰撞中，漆画艺术家应该大胆尝试新的材料、技术和表现手法，应该多关注时代主题，将现实生活中的热点问题融入作品，使漆画更具现实意义和观赏价值。

二、书法美

（一）书法美概述

书法作为一种独特的艺术形式，不仅承载着中国悠久的历史，还展现着书写者的个性与情感。从古至今，书法一直是传承与发扬中华文化的重要载体。书法，顾名思义，便是书写的法则。它是汉字书写的艺术，不仅仅是为了传递信息，更是一种审美的表达。在书法创作过程中，书写者通过笔画、结构、布局、章法等方面的变化，为汉字赋予了新的生命与意义。这种艺术形式不仅能够传递出文字所表达的内容，还能够展现出书写者的内心世界和审美追求。

在中国传统文化中，书法被视为高尚的艺术修养，与琴、棋、画并称为“文人四艺”。这四艺共同构成了古代文人的基本素养，反映了他们对于美的追求和人生境界的提升。书法美的探讨，不能脱离这一背景。我们需要在了解和尊重传统文化的基础上，深入探讨书法美的内涵与价值。书法美的表现形式丰富多彩，包括篆、隶、楷、行、草等多种书体。各种书体都有其独特的风格和特点，如篆书的古朴典雅、隶书的端庄大气、楷书的规整秀丽、行书的流畅自如、草书的奔放豪放。书写者可以通过不同的书体来表达自己的情感和审美取向，使得书法作品呈现出多样化的艺术风格。在书法创作过程中，书写者还需关注笔法、墨法、章法等方面的运用。笔法是书法美的基础，要求书写者掌握正确的运笔技巧，使笔画有力、流畅、富有变化。墨法则要求书写者在用墨时注意深浅、浓淡、干湿的变化，以增强作品的层次感和立体感。章法则涉及作品的整体布局和空间安排，要求书写者在创作时充分考虑到字形、行距、列距等因素，使作品既有美感又富有节奏感。

书法美首先体现在字形结构上。汉字的结构丰富多样，这为我们提供了无限的创作空间。在书法创作中，字形的美感是至关重要的。有的字形优美，如“月”字的圆润，给人一种宁静的感觉；有的字形挺拔，如“山”字的稳重，给人一种力量的感觉。这些字形结构的美感，需要书写者精心设计，通过笔画的粗细、长短等变化，使得字形既符合规律，又富有个性。在书法创作过程中，书法家需要充分发挥自己的想象力和创造力，将汉字的形态美与书写技巧相结合。笔画的运用要恰到好处，既能展现字形的特点，又能体现书写者的个人风格。比如在书写“水”字时，可以利用流畅的笔触表现出水的柔美；在书写“木”字时，可以运用刚劲有力的线条来展现树木的坚韧。此外，书法美还体现在笔画的韵律和节奏上。书写者在创作时，要注重笔画的起伏和变化，使字形具有动感。通过对笔画的起伏、转折、停顿等技巧的运用，可以使字形更具生命力和韵律感。这种韵律和节奏的变化，使得书法作品如同一首优美的乐曲，让人陶醉其中。书法美还表现在空间布局上。书写者在创作时，要充分利用空间，使字形在纸上分布得当，既保持整齐划一，又富有变化。通过对字形大小、间距、排列等方面的调整，可以使作品呈现出和谐统一的美感。同时，书写者还可以通过留白、断行等手法，增强作品的层次感和立体感，使字形在空间中产生互动和对话。

书法美的另一个重要体现是笔画的运用。笔画作为书法的基础，它包括点、横、竖、撇、捺等多种基本元素。书写者通过对这些基本元素的巧妙组合与变化，可以创造出具有丰富韵律的作品。在不同的书法风格中，笔画的特点也各有千秋。举例来说，行书以流畅的笔画而著称，书写者在创作中追求速度与优美的平衡。草书则以其狂放的笔画而备受瞩目，给人一种自由奔放的视觉冲击。楷书则注重笔画的规整与结构，书写者需要严格遵循字形的结构规律。这些笔画的特点，不仅体现了书写者的技能，也表达了他们的情感。在书法创作过程中，书写者通过对笔画的控制与运用，将自己的情感融入作品之中，使作品具有独特的艺术魅力。比如笔画的粗细变化可以表现出书写者的心境变化，笔画的连贯性则可以展现书写者的思维连贯性。此外，书法中的笔画运用还涉及墨色变化，这也是书法美的一个重要体现。书写者通过掌握墨色的深浅与浓淡，可以让作品呈现出丰富的层次感和立体感。墨色的运用同样可以呈现出书写者的情感，如淡墨可以表现书写者的含蓄，而浓墨则可以呈现出书写者的豪放。

除了字形与笔画之外，书法美还体现在章法布局上。章法是书法作品中字与字、行与行之间的排列组合，它是书法艺术的重要组成部分。一个好的章法能够使作品整体和谐，富有变化，从而展现出书法的独特魅力。在创作书法作品时，书写者需要充分考虑字与字之间的间距、行与行之间的距离，以及整体的平衡与对称。这需要书写者具备一定的艺术修养和审美能力，才能在作品中达到理想的视觉效果。同时，书写者还需要根据书写内容和个人喜好，灵活运用不同的字体、线条粗细和墨色变化，使作品更具个性和生动性。为了使作品更具艺术价值，书写者还应在章法布局中注重空白的运用。空白在书法作品中具有重要的意义，它不仅能够调节作品的节奏感，还能够凸显字形的结构和笔画的力度。通过巧妙地运用空白，书写者可以使作品呈现出更多的空间层次感，从而提高作品的整体美感。书写者在创作过程中还应注意书法作品的整体协调性。这意味着在字形、笔画、结构和布局等方面，都需要保持一致性和和谐性。这样，书法作品才能展现出一种内在的秩序感，使观者在欣赏时能够感受到一种愉悦的视觉体验。

书法美不仅仅是形式和结构的展现，还与书写工具和材料密切相关。传统的书法工具，如毛笔、墨、宣纸和砚台，对于书法创作具有重要意义。这些工具和材料的特性，对于书法美的表现有着不可忽视的作用。比如毛笔的软硬、墨的浓淡、宣纸的吸水性等因素，都会对作品的质感和风格产生显著影响。毛笔作为书法的基本工具，其软硬程度对书法作品的线条和行笔有着重要影响。硬笔在书写时容易表现出刚劲有力的线条，而软笔则更利于描绘出柔和流畅的笔画。书写者需要根据自己创作的主题和风格，选择合适的毛笔类型，以便更好地展现书法美。墨的浓淡也能影响书法美。浓墨显得厚重、沉稳，而淡墨则显得轻盈、飘逸。书写者在创作过程中，需要掌握墨的浓淡变化，以丰富作品的层次感和空间感。宣纸的吸水性对书法作品的最终效果也有重要影响。高质量的宣纸能够迅速吸收墨迹，使作品呈现出清晰的线条。而低质量的宣纸可能导致墨迹渗透不均，影响作品的整体美观。因此，书写者在选用宣纸时，应注重其吸水性能，以确保作品的质量。

书法作为一种独特的艺术形式，不仅彰显了书写者的技巧和对文字的驾驭能力，更是与书写者的个人修养、情感表达和审美追求紧密相连。在书法作品中，我们可以窥见书写者的内心世界，感受他们的情感波动和心灵感悟。这种艺术形式的美感，不仅仅体现在线条、结构和布局的和谐，更体现在书写者通过笔墨传递的内在精神。书法作品的美感和价值，很大程度上取决于书写者的个人修养。一个有深厚文化素养和高尚品德的书写者，其作品往往具有更高的艺术价值。他们在书法创作中，能够将传统文化的精髓与个人的独特见解完美融合，使得作品具有独特的韵味和内涵。书写者的个人修养还直接影响着作品的气韵生动和笔墨飞扬。一个内心平和、心境豁达的书写者，其作品往往更具有一种超凡脱俗的美感。情感表达是书法美的重要组成部分。通过书法，书写者可以将自己的喜怒哀乐、悲欢离合等情感表现得淋漓尽致。比如王羲之的《兰亭序》就是通过飘逸的书风和深沉的情感，展现了作者对友情的珍视和对人生无常的感慨。这种情感的真实传递，使得书法作品具有了强烈的感染力。审美追求是书法美的核心要素。一幅优秀的书法作品，往往能体现出书写者对美的独到见解和追求。他们在创作过程中，不断探索和实践，力求将自己的审美理念融入作品中，使得作品具有独特的艺术风格和审美价值。书法作品的审美追求还与时代背景和文化传统密切相关。一个具有时代特征和文化内涵的书法作品，往往能引起更广泛的共鸣和关注。

（二）书法美在美育中的应用价值

书法不仅承载着丰富的文化内涵和审美特色，而且在美育领域扮演着重要角色。通过学习书法，人们能够更深入地了解中国传统文化的精髓。通过书法的练习和欣赏，学习者可以逐渐领悟到汉字的形态美、结构美以及其中的寓意，从而加深对中国传统文化的认识和尊重。书法在培养审美鉴赏能力方面具有显著作用。书法作品的线条、结构、布局和笔画的运用都体现了书法家的审美观念和技巧。通过观察和分析不同书法家的作品，学习者可以培养自己的审美判断力和鉴赏能力，从而提高自身的审美水平。书法教育还有助于增强文化自信。在全球化的背景下，各种文化交流日益频繁。通过学习和传承书法艺术，我们可以更好地展示中国传统文化的魅力，增强文化自信，也为世界文化多样性的传承和发展做出贡献。

书法练习有助于提高个人的审美能力。书法艺术中所蕴含的美学原则，如平衡、对称、和谐等，都是审美能力的重要组成部分。通过对书法作品的欣赏和临摹，人们可以逐渐培养出对美的感知和欣赏能力，进而将这种审美观念融入日常生活和工作中，提高自身的审美水平。一般来说，书法创作需要长时间的练习和投入，这对个人的意志力和专注力提出了很高的要求。通过不断练习和反复揣摩，人们可以逐渐培养出坚定的毅力和持久的专注力。这些品质在日常生活和工作中同样具有重要价值，有助于提高人们的工作效率和生活质量。此外，书法练习还有助于提升个人的沟通能力。通过学习和交流书法，人们可以拓宽视野，丰富知识，与他人有更多的共同语言。

书法教育在当代社会具有举足轻重的地位，其不仅是一种艺术形式的传承和发扬，更是一种创新思维的培养和提升。通过长期的临摹和创作实践，人们逐渐掌握了在传统与现代之间寻求平衡的方法，以及如何在不同的书体和风格中进行取舍与融合。这种对美学的独特见解和创新意识，对于挖掘个人潜能和推动社会进步具有极为重要的意义。在临摹名家作品的过程中，学习者能够逐渐理解并领会书法大师们的创作思路，从而在不断模仿和实践中，逐渐形成自己独特的艺术风格。这种审美能力的培养，有助于提高人们在其他领域中的创新能力和解决问题的能力。随着全球化的不断推进，各种文化之间的交流和碰撞日益频繁。书法作为一种具有悠久历史和丰富内涵的艺术形式，为人们提供了一个了解和体验不同文化的平台。通过对书法的学习和欣赏，人们能够更好地理解和尊重其他文化，从而促进文化的多样性和包容性。

（三）书法美在美术设计中应用的体现

书法这一艺术形式相对独特，其优美的线条和特有的风韵可以为设计作品提供丰富的视觉效果。通过运用不同的书法风格和技巧，设计师可以为作品创造出独特的审美体验，使观众在欣赏作品的同时，感受到书法艺术的魅力。书法美在美术设计中的应用，有助于强化作品的主题和内涵。设计师通过巧妙地将书法元素融入设计中，可以使作品具有更强烈的表现力和感染力。比如在商业广告设计中，设计师可通过使用具有特定象征意义的书法字体，可以有效地传达产品的核心价值和品牌形象，从而吸引目标消费者的注意力。在当今这个信息大爆炸的时代，设计师面临着激烈的竞争和不断变化的审美需求。通过运用书法这一独特的艺术形式，设计师可以打破传统的设计框架，创造出具有创新性的作品，从而在竞争激烈的市场中脱颖而出。

作为一种源远流长的传统文化艺术，书法承载着丰富的历史信息和审美观念，为设计师提供了无限的灵感源泉。在设计作品中，恰当地运用书法元素不仅可以充分展现设计师的文化素养和审美情趣，还能使作品具有更强烈的文化氛围和历史底蕴。设计师在创作过程中，可以根据不同的主题和目的，选择合适的书法字体和表现形式，以增强作品的艺术感染力和视觉冲击力。设计师可以选择具有特定历史背景或象征意义的书法字体，使设计作品更具故事性。这样的设计既能够唤起观者对传统文化的共鸣，又能激发他们对作品背后故事的探索欲望。此外，书法元素的运用还可以为作品赋予独特的个性和风格，使其在众多作品中脱颖而出。当然，设计师在运用书法美时，也需要充分考虑到作品整体的和谐性和统一性。在色彩搭配、线条处理和空间布局等方面，都要与书法元素相互呼应，以确保作品的视觉效果得到充分体现。

书法美不仅具有深厚的文化底蕴，其在视觉引导方面发挥着重要作用。通过巧妙地运用书法元素，设计师能够创造出更具吸引力的作品。设计师可以通过书法字体大小、粗细和颜色的变化来引导观众关注作品中的重点信息。比如将关键词或主题用较大的字号、加粗或鲜艳的颜色来表现，可以立即吸引观众的注意力。通过调整字体的间距和行距，设计师还可以进一步强化视觉效果，使作品的整体布局更加舒适和易于阅读。书法线条的流动感和节奏感有助于增强设计的灵动感。通过运用书法中的线条变化，如粗细、曲直、长短等，设计师可以创造出一种动态的视觉体验，使作品更具吸引力。书法线条的韵律和节奏感还可以让观众在欣赏作品时产生共鸣，从而增加作品的艺术表现力。书法美的运用可以增强作品的文化氛围。书法作为中国传统艺术的瑰宝，蕴含了丰富的历史和文化内涵。将书法元素融入设计作品中，不仅可以展现设计师的文化底蕴，还可以使作品更具教育意义和审美价值。通过巧妙地结合传统与现代的设计元素，设计师可以为观众带来独特的审美体验，从而提升作品的艺术价值。书法美在美术设计中的应用还可以提升作品的创意性和独特性。在设计过程中，设计师可以尝试将书法与现代设计元素相结合，创造出新颖独特的视觉效果。比如将书法字体与抽象图形、几何形状等元素相结合，可以为作品增添现代感和创新点。

三、设计美

（一）设计美概述

设计美学是一种综合性的设计方法，它是在满足功能性需求的基础上，通过对物品、环境或者服务的外观、结构和使用体验进行优化，使其具有审美价值。这种设计方式不仅关注产品的外观设计，还深入探讨产品与用户之间的互动关系，以及产品所传达的文化。通过这种全方位的思考，设计美学旨在创造既实用又美观的产品，为用户提供愉悦的使用体验。在设计美学中，外观和功能的结合至关重要。设计师需要充分考虑产品的实用性，确保其在满足用户需求的同时，具有吸引力和美观性。这意味着设计师需要深入了解用户的需求、期望和使用场景，以便为他们提供切实可行的解决方案。此外，设计师还需要关注产品的可持续性，确保其在美观的同时，也能对环境保护产生积极影响。设计美学还强调产品的互动性和用户体验。在现代社会，人们越来越注重与产品的互动，期望通过这种互动获得愉悦的体验。因此，设计师需要关注产品的易用性、可访问性和可理解性，确保用户能够轻松地与产品互动，从而提高用户的满意度。设计师还应关注产品的人性化设计，通过细腻的触感、舒适的色彩搭配和贴心的功能设计，使用户在使用过程中感受到关怀和尊重。文化和价值观在设计美学中占有举足轻重的地位。设计师需要充分考虑产品所处的文化背景，以便更好地传达相应的价值观。这包括对产品的形状、色彩、材质和图案的选择，以及对产品背后故事和象征意义的挖掘。通过这种方式，设计师能够创造出具有独特文化内涵的产品，从而满足用户对于个性化和文化归属感的需求。

设计美具有几个显著特点。首先是简洁性。设计美强调以最简单的方式解决问题，避免不必要的复杂性。这种简洁不仅仅是视觉上的，还体现在产品的使用过程中。通过简化操作步骤，设计美让产品更加易于理解和使用。举例来说，智能手机的触摸屏界面就是一个典型的简洁设计，用户可以直观地进行操作，无需复杂的按键组合。这种设计不仅提高了用户体验，还降低了生产成本和维修难度。此外，简洁设计还有助于提高产品的可持续性，因为它减少了材料的使用和能源消耗。

其次，设计美的另一个显著特点是功能性。一个成功的设计应该以满足用户需求为核心，确保产品在实际使用中能够发挥其预期的功能。设计师需要深入了解用户的需求和习惯，以便为他们提供真正有价值的解决方案。功能性的实现往往需要对产品进行创新和优化，以确保其在满足基本需求的同时，还能带来额外的便利和愉悦。再次，设计美还体现在其人性化方面。优秀的设计应该关注用户的感受和需求，使产品更加贴近人心。这包括考虑到产品的舒适性、安全性和可访问性等方面。比如家具设计应该考虑到人体工程学原理，以确保使用者的舒适度。在软件开发中，界面设计应该直观易用，以便用户能够快速上手并高效完成任务。最后，设计美还关注美学价值。一个具有吸引力的设计能够给用户留下深刻的印象。美学价值不仅体现在产品的外观上，还包括其与周围环境的和谐融合。设计师需要充分考虑色彩、形状、材质等元素，以创造出既美观又实用的产品。

设计美学强调各个元素之间的协调统一。设计师需要关注颜色、形状、材质等多个方面，确保这些元素能够相互呼应，共同构建一个和谐的整体。这种和谐的设计不仅能够为人们带来愉悦的视觉享受，而且对于提高产品的实用性和功能性也有着显著的作用。在颜色的搭配上，设计师应充分考虑到色彩的和谐性。通过运用色彩的对比和渐变，可以创造出富有层次感和动态效果的设计。合理的色彩搭配能够引导人们的视线，突出重要的设计元素，从而使整体设计更加引人注目。形状的平衡于也是设计中不可忽视的一环。设计师应努力寻求各种形状之间的平衡与协调，避免过于复杂或烦琐的设计。简洁明了的线条和形状往往更容易为人所接受，同时也有助于提升产品的实用性和舒适度。材质的选择对于设计的和谐性有着重要影响。设计师需要根据产品的实际需求和使用场景，选择合适的材料。材质之间的搭配也应该注重和谐，如光滑与粗糙、柔软与坚硬等，以达到整体的美感和实用性。以现代家居设计为例，人们发现家具、装饰品和空间布局等方面都遵循着和谐统一的原则。设计师通过精心搭配和布局，使得整个居住环境更加舒适。比如客厅中的沙发、茶几和电视柜等家具，设计师在设计时既要注重外观的协调性，也要考虑到功能性和舒适性。此外，家居装饰品的选择和摆放也应该与整体风格相协调，避免过多的装饰导致视觉疲劳。

基于追求美的常见意图，设计师在设计作品时多会挑战传统，尝试新颖的设计理念和手法。这种创新可以体现在多个方面，如材料的创新、功能的创新以及表现形式的创新。在材料创新方面，设计师致力于寻找和开发新型环保材料，以降低对环境的影响并提高产品的可持续性。比如生物降解材料和可再生资源的应用，设计师在确保作品美观的同时，也能为地球的可持续发展做出贡献。在功能创新方面，设计师努力通过技术和设计的结合，创造出更符合现代人需求的产品。比如智能家居系统的出现，使得家庭生活更加便捷、舒适和安全。此外，可穿戴设备的发展，不仅在技术和形式上实现了创新，还将科技与时尚相结合，为用户提供了全新的使用体验。在表现形式创新方面，设计师通过独特的审美和艺术手法，为传统的设计作品注入新的活力。比如通过对传统文化元素的重新解读和融合，设计师创造出独具特色的现代设计作品，既能展现多元文化的魅力，又能满足现代审美需求。

当前，设计美学与生态维护相结合愈发受到重视。随着人们对环保和生态资源可持续发展的关注日益加深，设计师开始寻求在满足人们需求的同时，尽量减少对环境造成负担。这种设计理念的实现包括使用环保材料、降低能耗、提高产品的可回收性等方面。通过这种可持续性的设计，我们可以实现人类与自然的和谐共生，为后代留下一个更加美好的地球。环保材料的使用是实现设计美学与生态维护相结合的关键。设计师应当在设计过程中选择可再生、可降解或者具有低污染特性的材料。这将有助于减少生产和消费过程中对环境的破坏。比如使用竹子、木头等可持续性原材料，以及生物降解塑料等环保材料，可以在满足人们审美需求的同时，减少对地球资源的消耗。降低能耗是设计美学与生态维护相结合的又一重要内容。设计师应当关注产品的生产过程以及使用过程中的能源消耗，力求提高能效。这可以通过采用节能技术和优化设计来实现。比如高效照明设备、节能家电等产品的开发和普及，既能满足人们的生活需求，又能降低能源消耗，实现可持续发展。此外，提高产品的可回收性也是设计美学与生态维护相结合的关键。设计师应当在设计阶段就考虑产品的生命周期，力求使产品在使用结束后能够方便进行回收和再利用。这可以通过采用模块化设计、标准化零件等方式来实现。这样，既能减少废弃物的产生，又能减轻对环境的压力。

（二）设计美在美育中的应用价值

设计美不仅是一种视觉享受，更是一种文化和精神的传承。通过接触和欣赏优秀的设计作品，人们可以培养对美的感知力和鉴赏力，从而提高自己的审美水平。这种审美能力的提高，对于人们在日常生活中发现和体验美具有重要意义。当人们具备一定的审美能力时，便能更容易地发现生活中的美，无论是自然景观还是人造物品，都能为我们带来愉悦的感官体验。这有助于丰富人们的精神世界，使我们的生活更加多彩。此外，良好的审美能力对于提高个人的创造力和想象力也具有不可忽视的作用。设计美作为一种艺术形式，往往能激发人们的创新思维。当我们欣赏到独特的设计作品时，会激发我们的想象力，进而促使我们在自己的工作和生活中追求创新和突破。这种创新精神对于个人和社会的发展都具有极大的推动作用。同时，设计美在美育中的应用还有助于培养人们对多元文化的包容和尊重。优秀的设计作品往往融合了各种文化元素，通过欣赏和学习这些作品，人们可以更好地理解和接纳不同的文化背景和价值观。这对于构建和谐社会和促进国际交流具有积极意义。

设计美学在美育中的应用价值不仅仅局限于提升审美能力和审美鉴赏，更重要的是它在培养创新思维方面的重要作用。设计美学的不断发展和创新，鼓励人们跳出传统的思维框架，追求个性化和创新性。这种创新精神对于推动社会科技进步和文化发展具有极其重要的意义。设计美学的创新推动了科技领域的突破。通过不断地对现有技术和产品进行改进和创新，设计美学为科技产业注入了新的活力。这种创新精神激发了人们对新技术的探索和应用，从而加速了科技成果的转化。设计美学也促使科技产品在外观、功能和用户体验等方面更加人性化，满足了人们日益增长的需求。设计美学在文化领域同样具有重要意义。通过创新的设计理念和表现形式，设计美学为文化产业提供了丰富的素材。这不仅有助于传承和发扬传统文化，还能推动文化产业的创新和发展。此外，设计美学还能帮助人们更好地理解和欣赏艺术作品，提高人们的文化素养和审美水平。创新思维在日常生活和工作中发挥着重要作用。设计美学的应用可以帮助人们在面对问题时，跳出固有的思维模式，寻找更为高效和有趣的解决方案。这种创新思维方式有利于提高工作效率，优化工作流程，让人们在生活中更加富有创造力，享受到更多的快乐和满足感。

设计美学在美育中的应用价值不仅仅体现在提升人们的艺术品位，更重要的是其对提高人们的生活质量有着积极作用。优秀的设计作品往往能够在功能、舒适性和美观性等多个方面满足人们的需求，从而为人们的生活带来极大的便利和愉悦感。从功能性的角度来看，设计师通过对产品设计的精心策划和构思，使得产品在使用过程中更加符合人们的操作习惯和需求。比如现代家居设计中的人体工程学原理，能够让人们在使用家具时感受到更加舒适和便捷的体验。设计师还会充分考虑到产品的易用性和安全性，以确保用户在使用过程中不会遇到不便和危险。舒适性是设计美学在美育中的另一应用价值。设计师会关注人们在使用产品或享受环境时的心理和生理需求，力求为用户创造一个舒适宜人的生活环境。这包括合理的空间布局、合适的色彩搭配、恰当的材质和纹理等，使人们在视觉、听觉、触觉等多个感官上都能感受到舒适和愉悦。美观性是设计美学的核心要素之一，它能够提升人们的幸福感和生活满意度。优美的设计作品往往具有独特的审美价值，能够让人们在使用过程中产生美的共鸣和愉悦的情感。同时，优秀的设计作品还能够激发人们的创造力和想象力，为生活增添更多的色彩和趣味。除此之外，设计美学还具有引导人们关注环保和可持续发展的作用。设计师在创作过程中，会充分考虑到产品的环境影响和资源消耗，力求实现产品的绿色设计和循环利用。这不仅有助于减少对自然资源的过度开发，还能够提高人们关于环保和可持续发展的意识，从而使我们的生活变得更加和谐与美好。

设计美在美育中的应用价值不仅体现在提升个人审美能力和艺术素养方面，还显著地反映在促进文化交流与传播上。优秀的设计作品往往具有独特的文化特征和鲜明的地域特色，这使得它们成为文化交流的重要载体。通过推广和传播这些具有代表性的设计作品，人们不仅可以展示各个国家和地区的独特文化魅力，还能够加强不同文化之间的交流与理解。在这个过程中，设计师和艺术家发挥着至关重要的作用。他们通过自己的创意和技巧，将传统文化与现代审美相结合，创作出具有广泛吸引力和影响力的作品。这种跨文化的交流对于促进世界多元文化的传承和发展具有积极意义。首先，其有助于提高人们对其他文化的认知和尊重，从而减少文化隔阂和误解。其次，设计美作为一种艺术形式，可以在不同文化之间架起一座桥梁，使人们能够更好地欣赏和理解彼此的艺术成果。最后，通过这种交流与传播，世界各地的设计师和艺术家可以相互学习、借鉴和启发，从而推动全球艺术与设计的创新和发展。为了充分发挥设计美在美育中的应用价值，我们需要采取一系列措施。第一，加强国际的合作与交流，举办各类展览、研讨会，为设计师和艺术家提供展示自己作品的平台。第二，鼓励教育部门在课程设置中加大对设计美的重视，培养学生的审美能力和创新意识。第三，利用现代科技手段，如网络平台和社交媒体，将优秀的设计作品传播给更广泛的受众，让更多的人能够欣赏和学习。

（三）设计美在美术设计中应用的体现

在美术设计领域，设计师致力于创造既有视觉吸引力又具有实际功能的艺术品。为了实现这一目标，他们需要遵循一系列基本原则。这些原则是体现设计美的基石，包括平衡、对比、重复、对齐和接近等，它们共同确保了作品的整体和谐与美感。接下来，我们将详细讨论这些原则，以便更好地理解它们在设计过程中的重要性。平衡原则要求设计师在作品中分配视觉重量，使其既不显得过于突兀，也不显得过于平淡。实现平衡的方法有很多种，如对称平衡、不对称平衡和径向平衡等。设计师需要根据作品的主题和目的来选择合适的平衡方式。举例来说，对称平衡适用于正式场合，而不对称平衡则适用于更具创意和活力的场景。对比原则强调通过颜色、形状和大小等元素的对比，来增强视觉效果和突出重点。对比可以使作品更具吸引力，同时也有助于引导观众的注意力。设计师可以通过使用对比鲜明的颜色搭配、不同形状的组合以及大小的差异来实现这一目标。此外，对比还可以通过纹理、材质和空间关系等其他方面来实现。重复原则是指在设计中使用相同的元素或形状，以创造有序和统一的视觉效果。这可以通过颜色、形状、线条或纹理等元素的重复来实现。对齐原则是指将元素沿着一个共同的边缘或中心线进行排列，从而使作品看起来更加整洁和专业。这两个原则相辅相成，有助于提高设计的可读性和易用性。接近原则强调将相互关联的元素放置在一起，以便于观众理解和记忆。这可以通过物理位置的接近、颜色的相似性或者形状的关联来实现。通过这种方式，设计师可以将信息进行有效分组，从而使观众能够更容易地识别和处理这些信息。

设计元素的应用和设计美的体现是至关重要的。设计师需要巧妙使用各种设计元素，如颜色、形状、线条和质感等，以便构建出具有强烈视觉冲击力和丰盈美感的作品。这些元素的巧妙运用，不仅能提升设计的专业性，还能使作品呈现出独特的艺术价值和审美意义。颜色是设计中最直接且具有强烈情感表达力的元素。通过合理搭配和运用，颜色可以营造出各种不同的氛围和风格。比如暖色调可以传达温暖、活力和欢乐的情感，而冷色调则给人以宁静、沉稳和专业的印象。设计师需要根据作品的主题和目标受众，选择合适的颜色搭配，以达到预期的视觉效果和情感传递。形状和线条是构成作品基本框架的重要元素。它们可以通过巧妙组合和变化，创造出独特的视觉效果和动态感。设计师可以通过对形状的创新和线条的流畅运用，使作品具有更高的辨识度和吸引力。此外，线条的粗细、长短和曲直变化，还能有效地引导观众的视线，使作品的构图更加和谐与平衡。质感是增强作品真实感和立体感的关键元素。通过运用不同的材质、纹理和光影效果，设计师可以为作品赋予丰富的触感和视觉层次。这种细腻的处理方式，使观众在欣赏作品时能够产生身临其境的感觉，从而加深对作品的理解。

设计美的体现不仅仅局限于视觉和审美层面，还体现在设计师对社会和文化的关注上。这种关注使得设计师能够更好地理解目标受众的需求和期望，从而创作出更具吸引力和感染力的作品。为了实现这一目标，设计师需要密切关注社会的发展趋势、文化多样性以及人们的生活习惯，从中汲取灵感和素材。设计师应当关注社会的发展趋势，包括了解新兴技术、经济发展、人口结构变化等多方面的信息。通过对社会趋势的了解，设计师能够预测未来可能出现的设计需求和审美趋势，从而提前做好准备。

比如随着环保意识的提高，绿色设计和可持续发展理念越来越受到重视。设计师可以将这些理念融入作品中，使其更具前瞻性和实用性。关注文化的多样性是设计师的重要任务。在全球化的背景下，不同文化、宗教和价值观的交流日益频繁。设计师需要了解各种文化特点和审美标准，以便为不同文化背景的受众提供合适的设计方案。此外，设计师还应当关注本土文化的发展和传承，将民族特色和地域风情融入设计中，使作品具有独特的文化内涵和底蕴。通过对社会和文化的关注，设计师可以使作品具有更广泛的传播力和影响力。这样的作品能够引起人们的共鸣，引发深入思考和讨论，从而实现设计美的价值。关注社会和文化也有助于提升设计师自身的专业素养和创新能力。设计师应当不断学习、研究和实践，努力提高自己的综合素质，以满足不断变化的市场需求和审美趋势。

四、建筑美

（一）建筑美概述

建筑美作为一种艺术形式，自古以来就备受人们的喜爱与推崇。其不仅仅是一种视觉享受，更是一种文化的传承与创新。从建筑的功能性角度来看，建筑美体现在其为人们提供了舒适、实用的居住和使用空间。一座优秀的建筑，既要满足居住者的生活需求，又要兼顾美观与实用。在建筑美的表现中，空间规划和设计是至关重要的一环。合理的空间布局能够充分体现建筑的美学价值，同时也能满足人们的实际需求。通过巧妙地利用空间，建筑师可以创造出既富有创意又具有实用性的作品。比如开放式的起居空间、多功能的房间设计以及灵活的室内隔断等，都是现代建筑设计中常见的元素，旨在为居住者提供便捷舒适的生活环境。良好的采光与通风同样是建筑美的重要组成部分。自然光线的引入可以营造出温馨舒适的氛围，同时还有助于节能和减少对人工照明的依赖。此外，良好的通风设计可以确保室内空气质量，为居住者提供一个健康的生活空间。通过采用大面积的窗户、天窗以及其他创新的设计手法，建筑师可以实现这一目标。在建筑材料的选择上，适宜的材料不仅能够提升建筑的美观度，还能提高其耐用性和环保性能。随着科技的发展，新型建筑材料不断涌现，如低碳环保的建筑材料、具有良好隔热性能的外墙材料等。这些材料的应用有助于提高建筑的能效，降低能耗，从而实现可持续发展。此外，建筑美还体现在对地域文化和历史传统的尊重与传承。建筑师通过对当地文化的研究和理解，将传统元素与现代设计理念相结合，打造出既具有地域特色又符合现代审美的建筑作品。这种融合使得建筑不仅仅是一座静态的建筑，更是一种充满生活气息的存在。

从美学特征的角度来看，建筑美主要表现在其独特的设计风格、精湛的建筑技艺和丰富的艺术表现力上。一座具有建筑美的建筑作品，往往具有鲜明的个性和风格，成为人类历史和文化的象征。建筑美的设计风格是其最直观的体现。古典建筑以其对称与和谐的线条，强调建筑的秩序感和稳重感，体现了人类对完美的追求。现代建筑则以其简约与流线的造型，展示了现代社会对创新和实用主义的推崇。此外，民族建筑以其地域特色和风格，传达了各地文化的独特魅力和历史传承。这些风格特点使得建筑成为一种跨越时空的艺术载体，传递着各个时代和文明的审美观念。建筑美的精湛技艺是其价值的重要保障。建筑师通过对材料、结构和空间的巧妙运用，将设计理念完美地融入建筑之中。比如哥特式建筑的拱券和飞扶壁，展现了建筑师对空间和结构的高超技艺；现代建筑的钢筋混凝土和玻璃幕墙，体现了现代建筑技术的进步和创新。这些精湛的建筑技艺不仅为建筑本身增色添彩，也为后世留下了宝贵的建筑遗产。建筑美的丰富艺术表现力是其吸引力的重要来源。建筑作为一种综合性艺术，融合了雕塑、绘画、音乐等多种艺术形式。比如巴洛克建筑的装饰性和动感，展现了一种强烈的视觉冲击力；而东方建筑的园林艺术，则以其宁静、和谐的氛围，给人以心灵的慰藉。这些丰富的艺术表现力使得建筑成为一种具有广泛吸引力的艺术形式，为人们提供了无尽的审美享受。

从文化内涵的角度来看，建筑美不仅承载着丰富的历史、文化和民族精神，而且是一座城市、一个国家乃至一个时代的象征。每一座建筑都是一个时代的缩影，反映了当时社会的生活方式、价值观念以及审美趣味。建筑美作为一种特殊的艺术形式，既具有实用性，也具有审美价值，是人类智慧和创造力的结晶。中国古代的宫殿建筑，以其宏伟壮观、庄重典雅的特点，展示了皇权的至高无上。在这些建筑中，我们可以看到严格的等级制度、对和谐与平衡的追求以及对自然与人文环境的尊重。这些特点不仅体现了当时的政治制度和社会秩序，也反映了古代中国人民的审美观念和文化传统。欧洲的哥特式教堂则以其高耸入云、尖顶直指苍穹的形态，表达了对神性的尊崇与追求。哥特式建筑的尖拱、细长的窗户和丰富的雕刻装饰，展现了中世纪欧洲对宗教信仰的虔诚以及对超凡脱俗、永恒之美的向往。这些建筑不仅成为宗教活动的场所，也成了欧洲艺术史上的重要篇章。这些具有深厚文化底蕴的建筑，使得建筑美更加富有教育意义和历史价值。它们不仅为我们提供了研究历史、文化的窗口，还成为传承民族精神和文化传统的载体。通过对这些建筑的研究和保护，我们可以更好地了解人类历史的发展脉络，从而为现代社会的发展提供借鉴和启示。此外，建筑美还具有强烈的地域性和时代性。不同地区的建筑受到地理环境、气候条件、资源禀赋等因素的影响，展现出各自独特的风格和特点。同时，随着时代的变迁，建筑美也在不断发展和演变，新技术、新材料和新理念的应用使得建筑美呈现出更加丰富多样的形态。

在探讨建筑美的过程中，我们应当关注建筑与环境之间的和谐关系。一座优秀的建筑不仅应具备美学价值，还应与周围的自然环境和人文环境相协调，实现人与自然的共生共融。为了达到这一目标，建筑师和设计师需要在设计过程中充分考虑到生态、文化、历史和社会等多方面的因素。绿色建筑的设计理念正是强调建筑与自然环境的和谐共生。通过采用绿色植被覆盖、节能减排措施、可再生能源利用等手段，绿色建筑能够降低对环境的负担，提高资源利用效率，并为居住者创造一个健康、舒适的生活空间。同时，绿色建筑还应注重对当地生态系统的保护，避免破坏原有的生态平衡，从而使建筑与周边环境形成一种和谐的生态关系。除了自然环境的融合，建筑还应当关注与周边人文环境的相互融合。这意味着建筑设计师需要尊重当地的历史文化传统，充分挖掘和传承地域特色，使建筑在满足功能需求的同时，也能够成为连接过去与未来的纽带。通过对历史文脉的尊重和传承，建筑不仅能够为人们提供具有地域特色的空间体验，还能够为城市的发展注入新的活力。此外，优秀的建筑还应关注社会和文化多样性。在全球化的背景下，建筑师和设计师需要关注不同文化背景下人们的需求和期望，使建筑能够满足不同群体的审美和功能需求。通过多样性的设计策略，建筑可以成为文化交流的平台，促进不同文化之间的相互理解和融合。

（二）建筑美在美育中的应用价值

随着社会的发展和人们审美需求的提升，美育已经成为人们提升自我修养和审美能力的重要途径。在众多美育领域中，建筑美无疑是一个极为重要的组成部分，它具有丰富的内涵和独特的应用价值。建筑美不仅仅是一种视觉艺术，更是一种融合了历史、文化、艺术、科技等多元素的综合体现。一座建筑，不仅仅是空间的载体，更是一个时代、一个地域的缩影。它通过独特的设计和建筑风格，传达了一个地区的历史沿革和文化特色。因此，在美育中，建筑美可以帮助人们了解和传承历史，增强文化自信。通过对建筑美的学习和欣赏，人们可以更好地认识自己所处的环境，理解不同文化背景下的建筑设计理念，从而拓宽自己的视野和审美观念。同时，建筑美还具有很高的艺术价值。其线条、色彩、结构等元素都可以给人们带来视觉上的享受和心灵上的震撼。建筑美的创作往往需要建筑师具备深厚的文化底蕴、艺术修养和专业技能。在建筑美的创作过程中，建筑师通过对空间、光线、材料等元素的巧妙运用，展现出建筑的美学价值和实用功能。此外，建筑美还在于其与环境的和谐共生。优秀的建筑作品往往能够与周围环境相互融合，形成一种和谐的美感。这种和谐不仅体现在视觉上，还体现在对自然资源的合理利用和对生态环境的保护。因此，在美育中，建筑美教育还应关注建筑与环境的可持续发展，培养人们具有环保意识和可持续发展观念的审美能力。

建筑美育作为一种独特的艺术形式，对于提升人们的审美能力具有重要意义。通过观察、体验和思考建筑的美学特征，人们不仅能够培养对美的感知和鉴赏能力，还能够进一步激发创造力和想象力。本书将详细探讨建筑美在美育中的应用以及其对人们审美能力的提升作用。建筑美育能够帮助人们更好地理解和欣赏建筑的美学特征。在欣赏建筑时，我们可以关注建筑的线条、形状、色彩、纹理等多方面元素，从而理解建筑的美学价值。此外，建筑的结构、空间布局以及与环境的关系也是评价建筑美的重要标准。通过对这些方面的观察和体验，人们可以逐渐培养出对美的敏感度和鉴赏力。建筑美育可以激发人们的创造力和想象力。建筑作为一种艺术形式，其本身就是对美的一种探索和实践。通过对建筑美的探索，人们可以发挥自己的创意，将美学理念融入生活和工作中，创造出更多的美的价值。同时，建筑美学的多样性也为人们提供了丰富的想象空间，有助于拓宽思维和开阔视野。此外，建筑美育在提升人们的审美能力方面还具有跨学科的特点。建筑美学不仅仅局限于建筑学领域，还涉及艺术、历史、哲学、社会学等多个学科。因此，通过建筑美育，人们可以在多方面提高自己的综合素质和审美修养，更好地理解和欣赏各种艺术形式。在建筑美育的实践中，人们还需要注意将理论与实践相结合。除了参观和欣赏各种建筑作品，人们还可以通过阅读专业书籍、参加讲座和研讨会等方式，不断提高自己对建筑美学的认识和理解。此外，鼓励人们参与建筑创作的实践，将美学理念运用到实际中，也是提高审美能力的有效途径。

建筑美在美育中的应用不仅具有实践性，还具有社会性。在现实生活中，建筑美无处不在，从而为人们提供了丰富的审美体验。从古代的宫殿、庙宇到现代的商业中心、住宅区，各种形式的建筑都展现了独特的美学价值。因此，通过参观、游览和体验不同的建筑，人们可以更好地理解和感受建筑美，从而提高自身的审美水平。此外，建筑美的实践性体现在其对个体审美能力的培养。当我们置身于优美的建筑环境中，我们的审美观念和品味会潜移默化地得到提升。通过对建筑的观察和体验，我们可以学会欣赏建筑的形体、比例、色彩、材质等方面，从而培养出更加敏锐的审美眼光。

建筑美的社会性表现在它作为一种共享资源，可以促进文化交流和传播。建筑物往往承载着一个地区或一个时代的文化特征，是历史和文化的见证者。通过参观具有代表性和历史价值的建筑，人们可以了解和学习其他文化背景下的审美观念和价值取向。这样一来，建筑美不仅能够增进人们之间的相互了解和友谊，还能推动多元文化的传播与发展。同时，建筑美在城市规划和社会建设中也发挥着重要作用。优秀的建筑设计方案可以提升城市的整体美感，为市民提供更加舒适和宜居的生活环境。此外，建筑美还与环境、经济、社会等多方面因素密切相关，对其合理利用可以推动可持续发展和绿色生活理念的普及。

建筑美在美育中的应用确实对经济发展具有积极的推动作用。一个具有美感的建筑环境对于提升城市形象具有重要意义，一个独具特色的建筑风貌能够吸引更多游客和投资者关注，从而增加城市的知名度和影响力。具有美感的建筑环境能够为当地居民创造一个舒适、宜居的生活空间。一个和谐、美观的生活环境能够提高人们的幸福感和满意度，使得居民更愿意在这个城市生活、工作和投资。这种积极的社会氛围有助于提高居民的生活质量和工作效率，进而促进经济的持续发展。此外，建筑美还可以带动相关产业的发展。比如建筑装饰、旅游服务等行业能够从美观的建筑环境中受益匪浅。游客可能会因为一个城市的独特建筑风貌而选择到访，从而为旅游业带来丰厚的收入。同时，建筑装饰行业也会因为人们对美好生活环境的追求而迎来更多的市场需求。在实践美育的过程中，地方政府和相关部门应当关注建筑美的培养和推广。通过举办各类建筑美学讲座、展览等活动，提高公众对建筑美的欣赏能力和审美水平。此外，鼓励和支持创新性的建筑设计理念，以及注重环保、节能、可持续发展等理念的融入，将有助于构建更加美好、宜居的城市环境。

（三）建筑美在美术设计中应用的体现

建筑美学在美术设计中的应用不仅是一种艺术表现，更是一种文化的传承与发扬。这种美学观念的起源可以追溯到古代文明时期，它见证了人类对于美的追求和对于环境的改造。自古以来，不同文明的建筑作品都以其独特的审美价值和技术水平，展现了各自文化的特点和精神风貌。在古埃及、古希腊和古罗马等文明中，建筑美学得到了充分体现。这些古老的建筑作品不仅展现了当时的高度技术成就，还传达了一种对于和谐、秩序、力量和美的追求。比如古埃及的金字塔以其宏伟的规模和精确的几何形状展现了埃及人对于永恒和神性的敬仰；古希腊的帕特农神庙则以其精湛的雕刻艺术和对称的建筑布局，成为古希腊文明的代表作品；而古罗马的斗兽场则展示了罗马帝国对于力量和壮观的追求。通过运用对比、对称、节奏、比例等美术设计手法，古代建筑师成功地创造出了许多令人叹为观止的建筑作品。这些作品不仅在当时具有极高的艺术价值，而且在后世产生了深远的影响。它们成为人类文明的瑰宝，为后世的建筑师和艺术家提供了丰富的灵感和启示。在现代社会，建筑美学在美术设计中的应用仍然具有重要意义。随着科技的进步和全球化的发展，建筑师在设计中不仅要考虑美学因素，还要兼顾功能性、可持续性、环保性等多方面的要求。这使得现代建筑在满足人们生活需求的同时，也能够体现出独特的审美价值和文化内涵。

建筑师继承并发扬了美学传统，将美术设计巧妙地融合到建筑创作中。在设计过程中，建筑师不仅需要充分考虑建筑的功能、结构和材料等因素，还要关注建筑的审美价值。为了实现这一目标，建筑师通常会运用各种美术设计手法，如线条、色彩、光影、空间等元素，来创造出既美观又实用的建筑作品。线条在建筑美学中起着至关重要的作用。建筑师通过对线条的运用，可以使建筑呈现出独特的风格和个性。比如曲线和弧线可以使建筑看起来更加优雅流畅，而直线和棱角则能赋予建筑强烈的现代感和力量感。此外，线条还可以引导人们的视线，创造出视觉焦点和空间导向。色彩在建筑美学中同样占据重要地位。合理的色彩搭配不仅能够提升建筑的视觉效果，还能影响人们的情感和心理。建筑师在设计过程中，会根据建筑的功能和所处环境来选择合适的色彩。比如在商业建筑中，鲜艳的色彩可以吸引顾客的注意力，而在住宅建筑中，柔和的色彩则有助于营造宁静舒适的氛围。光影是建筑美学中不可或缺的元素。通过对光线的控制和引导，建筑师可以创造出富有层次感和动态变化的空间效果。比如在博物馆和艺术馆中，柔和的光线可以突显展品的美感，而在办公建筑中，充足的光线则有助于提高工作效率。此外，光影还可以通过建筑的外观和立面设计，使建筑在不同时间段呈现出不同的视觉效果。空间设计是建筑美学的另一个关键方面。建筑师通过对空间的组织和划分，可以使建筑既具有实用性，又具有美感。比如在公共建筑中，开放和流动的空间布局可以鼓励人们的交流和互动，而在私密空间中，封闭和分隔的设计则有助于保护人们的隐私和安全。除了以上提到的美术设计手法，建筑师还需要关注建筑与周围环境的关系。在设计过程中，力求在满足功能需求的同时，展现出独特的艺术风格。这需要建筑师对周围环境进行深入研究，充分考虑地形、气候、文化等因素，从而使建筑与环境和谐共生。

建筑美在美术设计中的体现不仅局限于传统的审美观念，还表现在建筑艺术的多样性和创新性上。随着科技的不断进步和社会的持续发展，建筑美学也在不断地演变和扩展。现代建筑师在继承和发扬传统美学的基础上，勇于创新，将新的设计理念和技术应用于建筑设计中，从而使得建筑美得到了更广泛的传播和认可。现代建筑中广泛运用的曲线、折线等设计元素，打破了传统建筑的直线条束缚，为建筑美学注入了新的活力。这些设计元素不仅丰富了建筑艺术的表现形式，还为建筑师提供了更多的可能性，使得建筑作品更具动感和流畅性。此外，这类设计元素在提高建筑物的功能性和舒适度方面也发挥了重要作用。数字化建筑设计技术的应用为建筑美学带来了变革。通过计算机辅助设计（CAD）和建筑信息模型（BIM）等技术，建筑师可以在设计阶段就对建筑进行准确的模拟和分析，从而优化设计方案，提高建筑的质量和效率。同时，数字化技术也使得建筑设计过程更加高效和精确，有助于实现更加复杂和独特的建筑形态。除此之外，现代建筑师还致力于探索可持续发展和环保理念在建筑美学中的体现。通过采用绿色建筑材料、节能技术以及生态友好的设计策略，建筑师努力实现建筑美与环境和谐的共生。这种对环境友好的设计理念不仅有助于保护地球资源，也为建筑美学增添了一种全新的价值取向。

五、雕塑美

（一）雕塑美概述

雕塑美作为一种独特的艺术表现形式，自古以来便以其独特的魅力吸引着世人的目光。这种艺术形式之所以备受赞誉，主要是因为它在立体性和空间性方面的卓越表现。与平面的绘画艺术不同，雕塑作品通过在三维空间中塑造形体和质感，来展现艺术家的创意和技巧。然而，这并不意味着雕塑就是简单的立体绘画。实际上，雕塑艺术在很多方面都超越了绘画，为观众带来了更为丰富的视觉体验。雕塑的立体性使得观众可以从多个角度欣赏作品。这种多角度的观赏方式让观众能够更加全面地理解和感受雕塑作品的内涵。每换一个角度，观众都可能发现新的视角和细节，从而使作品呈现出更为丰富的层次感和空间感。这种多维度的观赏体验是绘画艺术难以企及的。优秀的雕塑作品不仅在艺术上具有研究的价值，其同样能够与其所处环境产生共鸣，为观众带来更为沉浸式的艺术体验。雕塑可以与建筑、自然景观以及其他艺术形式相结合，创造出一种和谐共生的关系。这种互动性使得雕塑成为城市空间、公园和其他公共场所的重要组成部分，为人们的生活增色不少。雕塑美的表现形式多样，包括但不限于材料的多样性、风格的独特性和技艺的精湛。雕塑家可以通过对不同材料的运用，如石头、木头、金属等，展现出各自独特的质感和美感。同时，各种风格和流派的雕塑作品也反映了人类历史和文化的多样性。从古典到现代，从写实到抽象，雕塑艺术不断地发展和创新，为世人展现了无尽的艺术奇迹。

雕塑艺术通过各种材料的运用，展现了丰富的视觉效果和深刻的情感内涵。在雕塑创作过程中，艺术家根据不同的创作主题和审美需求，精心挑选和运用各种材料，如石头、木材、金属、玻璃等。这些材料不仅具有独特的质地和色彩，还能在艺术家的巧手下呈现出无与伦比的美感。石头作为一种坚固耐用的雕塑材料，具有丰富的纹理和色彩。艺术家通过精细的雕刻技巧，将坚硬的石头转化为栩栩如生的雕塑作品。石头雕塑往往给人以沉稳、庄重之感，适合表现历史、文化和宗教等主题。比如古希腊雕塑家菲迪亚斯的著名作品《雅典娜神像》，就是用大理石雕刻而成，展现了雅典娜女神的威严与智慧。木材作为一种轻便且易于加工的雕塑材料，以其天然的纹理和温暖的色调受到艺术家的喜爱。木雕作品通常具有较强的亲和力和生活气息，适合表现人物、动物和自然景观等。如中国的根雕艺术，艺术家巧妙地利用树根的天然形态，创作出极具创意和想象力的根雕作品。金属雕塑则以其坚固性和光泽度，为艺术家提供了更多的可能性。通过对金属的锻造、焊接和抛光等工艺处理，艺术家能够创造出具有现代感和科技感的作品。如知名雕塑家亚历山大·卡尔德的动态雕塑作品，金属线条在风力作用下呈现出优美的动态变化，令人叹为观止。玻璃雕塑则以其透明、折射和反射的特性，为观众带来独特的视觉享受。艺术家通过精确的切割和熔融技艺，将玻璃塑造成各种优美的形态。如美国雕塑家戴尔·奇胡利的玻璃雕塑作品，色彩斑斓的玻璃在光线的照射下，呈现出梦幻般的效果，令人陶醉。

中国传统雕塑艺术，作为中华文明的璀璨瑰宝，源远流长地绽放了数千年的光辉。它凭借其悠久的历史、卓越的技艺、多样化的形式和内容，展现了独特的审美价值和深厚的文化内涵。中国雕塑艺术的起源可追溯至远古时期，最早的雕塑作品多为简约的石刻和陶塑。随着时光流转，雕塑艺术逐步演变出多种风格和流派，呈现出多元化的特点。按照材质分类，中国传统雕塑主要包括石雕、木雕、泥塑、陶塑、铜雕等。从功能和用途来看，又可以归纳为宗教雕塑、建筑装饰雕塑、陵墓雕塑、民俗雕塑等几大类别。在宗教雕塑领域，佛教雕塑无疑是中国传统雕塑中最为璀璨的明珠。佛像作为佛教雕塑的核心，以其庄严肃穆的造型、流畅的线条和神秘的宗教氛围，对中国雕塑艺术的发展产生了深远的影响。中国各地的石窟寺，如敦煌、龙门、云冈、麦积山等，都是佛教雕塑的杰出代表。建筑装饰雕塑随着中国古代建筑的繁荣而诞生，它们通常作为建筑的一部分，用于装点宫殿、庙宇、园林等。这类雕塑种类繁多，涵盖屋脊兽、砖雕、木雕、石刻等，既具有实用功能，又具有极高的艺术价值。陵墓雕塑则主要展现在古代将相陵墓前的雕塑，包括石刻、石人、石兽等。其中，最为著名的陵墓雕塑当属秦始皇兵马俑，以其规模宏大、造型逼真、气势磅礴而闻名于世。民俗雕塑则主要反映人们的日常生活和社会风俗，形式多样，内容丰富。如泥人张、皮影戏等，这些作品以其生动的形象和鲜明的民间特色，深受人们的喜爱。在技艺方面，中国传统雕塑艺术独具匠心。中国雕塑艺术家擅长运用线条、块面、空间等手法，创造出具有立体感和动态美的作品。同时，他们还注重雕塑的装饰性，运用各种装饰手法，如雕刻、彩绘、贴金等，使作品色彩丰富，富有艺术感染力。

雕塑美不仅仅是外在形式的展现，更体现在其创意与表现力上。雕塑作品以其独特的艺术视角和表现形式，传达出艺术家对现实生活的观察和思考。这些作品既有对人物形象的细腻刻画，也有对历史事件的深刻反思；既有对自然景观的再现，也有对抽象概念的探索。通过这些多样化的表现手法，雕塑作品成为一种跨越时间和空间的艺术语言，传递着人类共同的情感和价值观。雕塑美的创意性表现在艺术家对现实生活的捕捉和再现。艺术家通过对人物、事件、景象等元素的提炼和加工，创造出具有独特个性和内涵的作品。这些作品往往能够引发观众的共鸣，使人们在欣赏的过程中产生情感上的共鸣和思想上的碰撞。雕塑美的展现力则体现在艺术家对形式、质感、色彩等方面的运用。通过对比、平衡、节奏等视觉元素的处理，雕塑作品能够呈现出丰富的视觉效果。同时，艺术家还会运用材料的特性，如石材的质感、金属的光泽等，为作品增添独特的艺术魅力。雕塑美还与其历史和文化传承密切相关。许多雕塑作品不仅是一件艺术品，更是一部历史的见证。它们承载着世代相传的技艺，反映了不同历史时期的社会风貌和审美观念。通过对这些雕塑作品的欣赏和研究，我们可以更好地理解人类文明的发展脉络，从而为现代社会提供更多的启示和借鉴。此外，雕塑美的实现还依赖于艺术家对于传统技艺的继承与创新。在传统技艺的基础上，艺术家不断地探索新的表现形式和技法，使得雕塑艺术不断地发展和完善。这种创新精神不仅使得雕塑作品更具时代感，也为雕塑艺术的传承和发展提供了源源不断的动力。

雕塑美的体现不仅仅局限于其艺术形式和审美价值，还在于其公共性和教育意义。众多雕塑作品被巧妙地安置在公共场所，例如公园、广场、校园等，这些地点通常为人们提供了休憩和社交的场所，使雕塑成为日常生活的一个重要组成部分。雕塑作品丰富了公共空间的文化内涵。通过各种形式和风格的作品，人们可以在休闲和娱乐中领略到艺术的魅力，提升自己的审美能力和艺术鉴赏力。此外，雕塑作品往往具有独特的创意和深刻的寓意，能够引发观众的思考和讨论，从而促进文化交流和思想碰撞。雕塑作品具有很强的教育意义。许多雕塑作品都是为了纪念历史事件、杰出人物或传达某种精神理念而创作的。这些作品不仅向观众传递了历史信息和文化价值观，还能够激发人们的民族自豪感和责任感。同时，雕塑作品中所蕴含的创新精神和艺术表现力，对于激发观众的想象力和创造力具有积极的作用。此外，雕塑作品还可以作为城市形象和文化特色的代表。一座城市的独特风格和精神面貌往往可以通过雕塑作品得以体现，使人们对这座城市产生认同感和归属感。同时，优秀的雕塑作品还能吸引游客和艺术爱好者，进一步提升城市的知名度和影响力。

（二）雕塑美在美育中的应用价值

随着社会的发展和人类文明的进步，美育在教育体系中占据了越来越重要的地位。

美育不仅仅是培养学生审美情感、审美认识和审美能力的重要途径，同时也是塑造学生健全人格和提升综合素质的重要手段。在众多美育形式中，雕塑艺术以其独特的美感和丰富的内涵，成为美育实践中不可或缺的一部分。雕塑艺术具有强烈的视觉冲击力和直观性。通过立体的形象和空间的构成，雕塑作品直接呈现在观者面前，使观者能够在短时间内感受到雕塑作品所传达的情感和意境。这种直观的表达方式，有助于培养学生的观察能力和想象力。在观察雕塑的过程中，学生可以学会如何捕捉细微的美感，提高自己的审美水平。此外，雕塑艺术还能够激发学生的创造力和审美鉴赏能力。通过观赏不同风格和流派的雕塑作品，学生能够了解到世界各地的文化艺术，拓宽自己的知识视野。同时，学生可以尝试用自己独特的视角和思维方式去解读雕塑作品。雕塑艺术在美育实践中的应用还可以促进学生的人际交往能力。在雕塑创作和欣赏过程中，学生需要与他人交流、分享自己的观点和感受，这有助于培养他们的沟通技巧和团队协作精神。通过共同参与雕塑艺术活动，学生可以增进彼此的了解和友谊，形成良好的人际关系。

雕塑艺术作为一种独特的艺术形式，不仅在美育领域具有重要地位，同时也对学生的综合素质培养产生积极影响。通过雕塑创作的实践过程，学生可以全面提升自己的艺术素养、团队协作能力和社会责任感。在雕塑艺术创作过程中，学生需要与同学、老师、艺术家等多方进行沟通交流。这种跨学科、跨领域的交流有助于拓宽学生的视野，增强他们的表达和沟通能力。在创作过程中，学生需要学会倾听他人的意见，尊重不同的观点，共同寻求最佳的解决方案。这种团队合作精神对于学生未来的职业生涯和人际关系的建立具有重要意义。雕塑艺术的创作和展示往往涉及公共空间和社会环境。学生在参与公共艺术项目时，可以更深入地了解艺术与社会、环境的关系。通过观察和分析城市空间中的雕塑作品，学生可以认识到艺术在塑造城市文化、提升公共空间品质方面的重要作用。这有助于培养学生的社会责任感，让他们意识到作为艺术创作者，他们有责任为社会的可持续发展和文明进步做出贡献。此外，通过参与雕塑创作，学生可以锻炼自己的创新能力和解决问题的能力。在雕塑艺术创作中，学生需要不断尝试新的材料、技术和表现手法，以实现自己独特的艺术理念。这种创新精神和实践能力对于学生未来的学术和职业发展具有重要价值。

（三）雕塑美在美术设计中应用的体现

雕塑美在美术设计中体现为空间与形态的结合。在美术设计过程中，设计师往往需要充分考虑作品在空间中的呈现方式。雕塑作为一种立体的艺术形式，其美感很大程度上取决于作品在空间中的布局和表现。雕塑的空间布局对于整体美术设计具有重要意义。通过巧妙地运用空间关系，雕塑可以为美术设计带来独特的视觉冲击，增强作品的表现力。在设计过程中，设计师需要充分考虑到雕塑与周围环境的关系，以及雕塑本身的比例、尺度和位置等要素。这有助于创造出和谐统一的空间关系，使雕塑与环境相互融合，共同创造出富有艺术感的视觉效果。雕塑的形态设计也是美术设计中的关键因素。设计师需要在雕塑的形态上进行创新，以展现雕塑的内在精神和主题。

通过对雕塑线条、质感和色彩的处理，设计师可以使作品具有更强烈的视觉吸引力。此外，雕塑的形态设计还需要考虑到观众的观赏角度和距离，以确保作品在不同视角下都能呈现出最佳的视觉效果。在城市规划中，雕塑往往被用作地标性建筑，引导人们的视角，营造出特定的空间氛围。设计师通过对雕塑的高度、体量和形态进行精心设计，使其成为城市空间中的视觉焦点。同时，雕塑还可以与周边建筑、绿地等元素相互呼应，共同构成一幅和谐统一的城市景观。

雕塑美在美术设计中的体现不仅仅局限于形态和创意，更在于材质与工艺的完美融合。在设计过程中，设计师需要关注材料的选择与运用，以及如何通过精湛的技艺将设计理念传达给观者。雕塑材料的多样性，如石材、金属、木材等，为美术设计提供了丰富的创作可能。这些材料各具特点，为艺术创作带来了无限灵感。材料的选择对雕塑的美观和实用性产生重要影响。如石材具有天然的纹理和质感，能够呈现出一种沉稳、庄严的氛围；金属则具有光泽和强度，适用于现代感强烈的设计；木材则给人一种温馨、质朴的感觉，适合表现自然和生活主题。设计师在创作过程中应充分考虑材料的特性，以便更好地传达设计理念。制作工艺在雕塑美术设计中占据举足轻重的地位。精湛的技艺可以使雕塑作品呈现出独特的艺术价值。比如雕塑家可以通过精细的雕刻技巧，使作品表面的纹理和细节更加丰富；或者通过锻造、焊接等金属加工技术，创造出具有力量感和动感的金属雕塑。此外，现代科技的发展也为雕塑制作带来了新的可能，如 3D 打印技术的应用，使得雕塑家能够更加便捷地实现复杂的设计构思。

雕塑美在美术设计中的体现，不仅仅是一种视觉艺术的享受，更是文化与观念传递的重要载体。作为一种源远流长的艺术形式，雕塑承载着世代相传的文化内涵和历史记忆。在美术设计领域，设计师通过对传统文化元素的挖掘与创新，将这些元素与现代设计理念相融合，打造出既具有时代特色，又富有文化底蕴的雕塑作品。在雕塑设计的构思阶段，设计师需要深入了解不同历史时期、地域和民族的文化内涵，提炼出具有代表性的文化符号和象征意义。通过对这些文化元素的提炼与整合，设计师可以将传统文化与现代审美相结合，创作出具有独特个性和艺术价值的雕塑作品。在雕塑的形式与材质选择上，设计师需充分考虑作品所要传达的文化观念和观念。不同的雕塑形式和材质具有不同的寓意和象征，如传统的石雕、木雕、铜雕等材质，可以体现出一种历史的沉重感和文化底蕴；而现代材料如不锈钢、玻璃钢等，则可以展现出一种轻盈、简洁的现代气息。设计师应根据作品的主题和所要传达的观念，合理选择雕塑的形式与材质，使作品在视觉和内涵上达到和谐统一。在雕塑的空间布局和环境融合方面，设计师也需充分考虑文化与观念的传递。雕塑作品往往与其所处的环境相互影响，形成一个有机的整体。通过对空间布局的巧妙设计，雕塑可以与周围的建筑、景观等元素相互呼应，共同营造出一种特定的文化氛围。此外，雕塑的观赏角度、光线处理等因素，也会影响观者对作品的感知和理解，进而影响文化观念的传递效果。

六、融入红色文化的美术之美

（一）红色文化的美术设计资源

红色文化的美术设计资源，主要是指在视觉艺术、平面设计、雕塑、建筑等美术领域中，体现和传承中国革命历史、文化、精神和价值观的各类设计元素和创意素材。这些资源在中国的美术设计领域具有重要的地位和价值，它们不仅反映了中国社会主义建设和改革开放的历史进程，也传递了积极向上、团结奋斗的精神内涵。红色文化的美术设计资源包括了许多具有代表性的元素，如五星红旗、延安、长征等象征性的图案和符号。这些设计元素在历史的长河中逐渐演变，成为中国革命精神的象征，激发着一代又一代的中国人为国家的发展和民族的繁荣而努力奋斗。此外，红色文化的美术设计资源还包括了一系列富有教育意义的宣传画、海报和插画，这些作品通过生动的形象和鲜明的色彩，向社会传递了爱国主义、集体主义和社会主义核心价值观。同时，这些美术作品也展示了中国美术设计的独特风格和审美观念，为世界美术发展做出了重要贡献。在当代社会，红色文化的美术设计资源仍然具有广泛的应用价值。设计师可以将这些元素融入各类创意设计中，如品牌标识、广告宣传、产品设计等，以彰显中国特色和文化底蕴。同时，通过创新和传承红色文化美术设计资源，还可以提高公众对中国革命历史和文化的认识，增强民族自豪感和凝聚力。

红色文化的美术设计资源在现代社会中具有不可忽视的现实意义。这种文化不仅见证了中国革命历史的发展，而且对于传承和弘扬民族精神具有重要作用。随着时代的变迁和社会的发展，红色文化的内涵不断丰富和拓展，为设计师提供了丰富的创作灵感和素材。设计师在继承和发扬传统红色文化的同时，需要紧密跟随时代潮流，不断探索和创新。这样一来，红色文化的美术设计资源才能更好地适应现代人的审美需求和价值观念。在这个过程中，设计师可以积极借鉴现代设计理念和技术手段，将红色文化与现代生活紧密联系起来。设计师可以通过运用现代设计软件和工具，将红色文化元素与时尚潮流相结合，创作出具有时代感和创新性的设计作品。此外，设计师还可以借助新媒体和互联网平台，将红色文化以更加生动、形象的方式呈现给观众，从而提高红色文化的传播力和影响力。同时，设计师还需要关注红色文化在不同领域的应用和推广。通过与各种产业的融合，红色文化的美术设计资源可以为社会带来更广泛的价值。比如在旅游、教育、影视等行业中，红色文化的设计元素可以发挥积极作用，提升产品的文化内涵和艺术价值。在全球化背景下，红色文化的美术设计资源还可以成为中国文化走向世界的重要载体。设计师应该积极参与国际交流与合作，将红色文化的优秀成果展示给全球观众，提升中华文化的国际地位和影响力。

红色题材是一种表现手段，其内容丰富多样。历史题材资源非常广泛，包括了关于中国历史、人民英雄和伟大领袖等方面的绘画、雕刻、书法等艺术作品。[①] 这些作品展现了中国悠久的历史和人民为争取自由、平等而进行的英勇斗争。农民和工人生活题材资源也占据了重要地位。这类作品主要描绘中国农村和城市工人的日常生活以及他们的劳动场景，体现了社会主义建设的巨大成就。同时，这些作品也展示了新中国成立以来所进行的一系列社会主义改革和建设。民族文化题材资源同样丰富多彩。这一方面的美术作品主要关注中国民族文化的传统和创新发展，涵盖了民族武术、歌舞、传统工艺和习俗等多个方面。通过这些作品，我们可以更加深入地了解中国民族文化的独特魅力。

其他领域的红色美术资源也不容忽视。这些资源包括红色文化建筑、红色文物、红色书籍、红色纪念物等多种形式的红色文化资源。它们不仅具有很高的艺术价值，同时也为我们提供了了解红色历史和文化的重要途径。设计师在继承和发扬传统红色文化的同时，需要紧密跟随时代潮流，不断探索和创新。这样一来，红色文化的美术设计资源才能更好地适应现代人的审美需求和价值观念。在这个过程中，设计师可以积极借鉴现代设计理念和技术手段，将红色文化与现代生活紧密联系起来。设计师可以通过运用现代设计软件和工具，将红色文化元素与时尚潮流相结合，创作出具有时代感和创新性的设计作品。此外，设计师还可以借助新媒体和互联网平台，将红色文化以更加生动、形象的方式呈现给观众，从而提高红色文化的传播力和影响力。设计师还需要关注红色文化在不同领域的应用和推广。通过与各种产业的融合，红色文化的美术设计资源可以为社会带来更广泛的价值。比如在旅游、教育、影视等行业中，红色文化的设计元素可以发挥积极作用，提升产品的文化内涵和艺术价值。

（二）红色文化美术设计资源的应用价值

1. 传承中华民族精神

红色文化美术设计资源承载着丰富的历史传承和民族精神，这些宝贵的文化遗产通过各种艺术形式得以展现。红色文化，作为中国革命历史的重要组成部分，为我们提供了一个独特的视角，以了解中华民族在历史长河中所经历的艰苦奋斗和所取得的辉煌成就。在美术设计中融入红色文化元素，不仅可以使人们更加直观地了解和感受中华民族在历史长河中所形成的坚韧不拔、自强不息的民族精神，还能够激发国人的爱国情怀，弘扬社会主义核心价值观。这种设计不仅具有很高的艺术价值，同时还具有很强的教育意义和历史意义。为了更好地传承和发扬红色文化，设计师可以运用多种手法将红色文化元素融入美术创作中。比如通过运用鲜明的色彩对比、独特的构图和形式，以及富有象征意义的图案，设计师可以创造出既具有视觉冲击力又富有深厚内涵的美术作品。此外，还可以通过采用现代科技手段，如数字艺术、虚拟现实等，

---

① 高文静．“互联网＋”背景下红色美术资源融入高校美育教育路径研究［J］．大众文艺，2023（16）：71－73．

将红色文化与现代审美相结合，使其更加符合当代人的审美需求。在设计实践中，设计师还需注重对红色文化资源的深入挖掘和研究，以确保作品的真实性和历史性。通过对历史事件、人物、场景等方面的深入剖析，设计师可以更好地把握红色文化的精神内核，从而创作出更具深度和感染力的作品。

2. 提升文化遗产保护的意识和水平

红色文化美术设计资源是一种具有深厚历史底蕴和独特价值的文化遗产。它不仅体现了中华民族的民族精神和革命传统，同时也承载着丰富的历史信息和艺术价值。因此，将红色文化美术设计资源应用和推广，对于提高公众对文化遗产保护的认识和重视程度具有重要意义。

通过将红色文化资源与现代设计理念相结合，可以为文化遗产的保护和传承提供新的途径。现代设计理念强调创新、实用和美观，将这些理念融入红色文化资源的保护和传承中，可以使红色文化遗产更加符合现代社会的审美需求和使用功能。比如我们可以将红色文化元素融入现代建筑、家居用品、服装等设计中，让这些传统元素焕发新的生命力，同时也为现代生活增添一抹独特的红色文化风韵。红色文化美术设计资源的应用和推广能够提升文化遗产保护的专业性和技术水平。在保护和传承红色文化遗产的过程中，我们需要运用专业的技术和方法，以确保文化遗产的真实性、完整性和可持续性。比如数字技术的发展为红色文化遗产的数字化保护提供了有力支持，通过数字化技术，我们可以对红色文化遗产进行高精度的测绘、修复和展示，使其在传承过程中得到更好的保护。红色文化美术设计资源的应用和推广还有助于提高公众的文化素养和审美能力。通过对红色文化遗产的宣传和普及，人们可以更加深入地了解中国革命历史和民族精神，从而激发民族自豪感和爱国情怀。此外，红色文化资源的现代设计转化，也有助于培养人们的审美鉴赏能力，使人们更加关注和珍惜传统文化的传承和发展。

3. 推动文化产业的发展

红色文化美术设计资源作为中国独特的文化遗产，具有极高的艺术价值和丰富的文化内涵。通过深度挖掘和创新运用这些资源，我们可以为文化产品和服务注入新的生命，从而满足人们对于高品质文化生活的追求和向往。在文化创意产品领域，将红色文化元素与现代设计理念相结合，可以创造出独具特色的产品。比如以红色历史人物、事件或地标为题材的插画、雕塑、陶瓷等，不仅能够唤起人们对历史的敬意，同时也能满足现代审美需求。此外，通过设计师的巧妙构思，红色文化资源还可以被运用于家居、服饰、饰品等生活用品中，让红色文化融入人们的日常生活。在旅游纪念品产业，红色文化资源同样具有巨大的开发潜力。通过对革命旅游景区的特色提炼和创意设计，可以打造出一系列富有地域特色的纪念品。这些纪念品不仅能够吸引游客购买，还能传播红色文化，提升景区的知名度和影响力。在影视作品领域，红色文化资源的开发和利用同样具有重要意义。通过将红色故事融入电影、电视剧、纪录片等作品，可以让观众更加直观地了解和感受红色文化的魅力。同时，高品质的红色影视作品还能在国内外市场上取得良好的口碑和票房成绩，为提升国家文化软实力做出贡献。

4. 增强国家认同感和文化自信

红色文化美术设计资源，作为中华民族独特历史背景下形成的重要文化成果，不仅具有鲜明的民族特色，同时也蕴含着深厚的时代价值。这种文化资源的运用和发展，对于传承和弘扬中华优秀传统文化具有重要意义。通过在设计中融入红色文化元素，我们可以更加生动地展示中国特色社会主义的发展道路和中华民族的发展历程。红色文化元素往往象征着革命精神、团结奋斗和自强不息的精神品质。将这些元素融入设计中，有助于人们更加深入地理解中国特色社会主义的内涵，从而增强国家认同感和文化自信。红色文化美术设计资源的应用能够丰富国家文化软实力的表现形式。通过这些设计资源，我们可以展现中国特色社会主义文化的独特魅力，让世界更加了解和认可中国文化。这种文化输出不仅有助于提升国家形象，还能够在一定程度上推动国际交流与合作，为国家的发展创造更多的机遇。红色文化美术设计资源的传承和发展对于培育新时代的社会主义核心价值观也具有重要意义。通过对红色文化的挖掘与创新，可以使年轻一代更好地理解历史、传承优秀传统，并在新的历史条件下，将这种精神内涵发扬光大，为实现中华民族伟大复兴的中国梦贡献力量。

（三）红色绘画经典作品的美育价值

红色绘画经典作品在中国艺术史中占有重要地位，不仅因其独特的艺术风格，更因为其深厚的文化内涵和美育价值。

红色绘画经典作品有丰富的思想教育内容。这类作品通常描绘了中国革命历史的重要事件和英雄人物，通过艺术的形式传递了革命精神和爱国情怀。观赏这些作品，我们不仅能够领略到绘画的艺术魅力，还能够受到深刻的思想教育。比如作品《长征》不仅展示了壮丽的自然景观，更重要的是反映了革命战士不畏艰难、勇往直前的革命精神，这种精神在潜移默化中感染和启迪着每一个人。

红色绘画经典作品有深刻的潜移默化作用。艺术作品往往能够在不经意间影响人们的情感和思想。红色绘画通过其强烈的视觉冲击力和深刻的主题内涵，能够在观众心中留下难以磨灭的印象。随着时间的推移，这些作品中所蕴含的价值观和精神追求会逐渐渗透到观众的日常生活和行为举止中，从而起到塑造人格、提升修养的积极作用。

红色绘画经典作品有浓厚的艺术情景熏陶。这些作品在构图、色彩、笔触等方面展现了高超的艺术技巧，为我们提供了丰富的审美体验。通过欣赏这些作品，我们可以学习和感受到中国传统文化的精髓和现代艺术的创新，从而培养和提高个人的艺术鉴赏能力和审美素养。

（四）红色主题书法的美育价值

中国书法熠熠生辉，其不仅是一种独树一帜的艺术形式，更是融合了诗歌、文学、绘画、篆刻等多元元素的综合体现。通过水墨与宣纸的巧妙结合，这门艺术将文字转化为栩栩如生的艺术作品，成为文化传承与教育的重要途径。在众多优秀的红色主题书法作品中，我们得以窥见传统文化的重要承载。

于右任是我国一位著名的才华横溢的书法家，被誉为20世纪十大书法家之一。他的书法作品独具民族特色，汲取了历代书法家的精华，展现出独树一帜的艺术风格。在字体设计上，他的草书巧妙地融合了隶书和魏碑的特点，线条丰富多变，结构独树一帜。与于右任齐名的林散之，其书法作品在章法布局上同样匠心独运，笔触既有力透纸背的力度，又蕴含着意境深远的韵味，彰显了他深厚的文化底蕴。他的书法风格随着时代和个人经历的变迁而演化，从战争年代的激烈刚毅到和平年代的平和内敛，都映照了他作为诗人和艺术家的气质。郭沫若的书法作品不仅在艺术上取得了卓越成就，更成为中国近现代历史的见证，承载着丰富的思想和历史内涵。这些作品激励着一代又一代的中国人为民族复兴而努力奋斗，成为精神力量的源泉。这三位杰出的书法家的作品不仅展现了中国书法艺术的独特魅力，更是传承了中华民族的优秀文化传统。他们的书法创作，凭借其深厚的艺术内涵和高度的审美价值，为后世留下了宝贵的文化遗产。这些作品在书法艺术发展史上具有举足轻重的地位，也为当代大学生提供了丰富的学习资源和启示，激发了他们对传统文化的热爱与创新精神。

（五）红色建筑的美育价值

“红色”建筑，作为中国近现代历史的重要见证，承载着丰富的历史文化价值和深厚的精神内涵。这些与革命运动、重大历史事件或英烈人物相关的建筑物，不仅具有纪念意义，更是中国历史文物的重要组成部分。黔北地区，因其独特的地理位置，较少与外界接触，因此其“红色”建筑主要与长征时期的历史活动密切相关。这些建筑遍布黔北的山山水水，成为红色文化的重要载体。红色文化的美学价值，不仅仅体现在外在形态的审美上，更在于其所蕴含的精神价值。红色，作为中国人与生俱来的情感纽带，象征着权威、勇气、吉祥和喜庆。在中国革命历史的长河中，红色文化扮演着举足轻重的角色。从第一支军队的命名，到红色根据地的建立，再到重要历史事件的发生，红色文化早已深入人心。

新中国的诞生，标志着红色政权的建立，红色文化也随之形成了一个完整的体系。其中，“物”的部分，即与革命者战斗、生活相关的场所，构成了“红色”建筑的主要组成部分。建筑本身如同无声的音乐，记录着历史的变迁。中国革命走过百年历程，红色经典建筑见证了这段岁月的辉煌。从井冈山到遵义，再到延安和西柏坡，每一处旧址都讲述着中国革命发展的艰辛、牺牲与奋斗。延安，作为中国革命历史发展中的重要旧址之一，承载着丰富的历史记忆。宝塔山、枣园、杨家岭等地，不仅见证了中国革命的重要时刻，更是红色文化的象征。南昌，这座英雄城，见证了中国发展的重要历史时刻。南昌革命旧址等地，不仅充满了英雄的氛围，更是中国人民抵抗外来侵略、争取民族斗争和人民解放的生动写照。武昌起义军旧址，又称红楼，见证了辛亥革命的伟大历史。在这里，我们不仅可以感受到历史的厚重感，还可以更好地传承红色基因，弘扬红色精神。总的来说，红色建筑作为中国革命历史的见证，不仅具有重要的历史价值，更是我们传承和弘扬红色文化的重要载体。通过这些建筑，我们可以更好地理解和感受那段波澜壮阔的历史岁月，激励着我们继续前进。

七、大别山红色美术美的独特呈现

（一）大别山红色革命精神在美术作品中的展现

在创作一幅革命题材的美术作品时，作者常常将创作背景和主题聚焦于中国近现代历史。这些作品不仅具有重要的历史价值，还能给观者带来美的视觉享受。革命题材的美术作品通常与中国革命事业紧密相关，涉及的人物和事件多与中国革命息息相关。通过描绘广大劳动人民在新中国成立过程中所经历的艰难岁月，这些作品表达了对中国人民和革命事业的赞颂，并提醒人们不要忘记历史的教训。这类美术作品通过再现领袖在严酷环境中与敌人坚决搏斗的场景，深入刻画了红色革命的历史。通过艺术的形式重新展示中国近代革命的政治和社会背景，它们成为中国红色文化展示中不可或缺的一部分。革命题材的美术作品还可能涉及其他相关主题，如革命战争的牺牲与损失、人民群众的团结与斗争等。通过绘画技巧和意象的运用，这些作品能够生动地再现革命时期的场景和氛围，使观者更好地理解历史事件和人物的价值

大别山红色革命精神是中国革命史上的一个重要组成部分，其饱含着求真务实、廉政为民、艰苦奋斗、无私奉献、坚定信念等核心价值观。这些价值观不仅体现了当时中国革命人的政治追求，也在今天仍然具有深远的意义。求真务实是大别山红色革命精神的核心之一。在革命战争年代，大别山地区面临着许多困难和挑战，但革命人始终保持清醒的头脑和高度的实践精神。他们深入基层，紧紧依靠群众，勇于直面问题，并寻求切实可行的解决方案。这种务实的精神在今天的社会建设中仍然具有指导作用，我们应该学习他们的实事求是、一切从实际出发的态度，推动社会进步和发展。廉政为民是大别山红色革命精神的重要组成部分。在革命时期，革命人始终以身作则，严明党纪国法，始终保持廉洁奉公的作风。不论是在行动中规范自己，还是在治理基层和推进革命斗争中，他们始终把人民的利益放在首位，用行动证明了自己的政治立场和担当精神。这种为民服务的价值观应该深入人心，使之成为我们今天政治生活的基本准则。艰苦奋斗是大别山红色革命精神的精髓所在。在那个年代，大别山地区的环境恶劣，物资匮乏，而革命人却始终保持积极向上的工作态度和顽强的斗志。他们不惧困难，勇往直前，无论是在战斗中还是在生产建设中，都展现了对革命事业的高度忠诚和执着追求。这种坚持不懈、不畏艰险的奋斗精神对于我们今天面对的各种挑战同样有着重要启示，我们应该学会坚定信心、百折不挠地追求目标。无私奉献是大别山红色革命精神的核心价值观之一。革命人以自己的忠诚和无私精神，为革命事业

付出了巨大的努力和牺牲。他们将个人的利益置于集体和国家的利益之上，为人民群众奉献了一切。这种无私奉献的精神成为我们今天模仿的榜样，我们应该在工作中、学习中将个人的利益融入群体和社会的发展中，为社会进步做出自己的贡献。

大别山革命历史题材美术创作的兴起是在“十七年间（1949—1966）”。这一阶段的主题性美术作品主要以大别山革命为主题，展现了革命斗争的伟大历程和人民群众的英勇形象。在整体政治热情高涨的背景下，艺术家们积极响应党的号召，用艺术表现来歌颂社会主义建设和革命事业的伟大成就。他们对大别山革命进行了深入研究，通过调研和采访真实参与过革命的老战士，深入挖掘并再现了革命时期的英雄事迹和感人场景。这些主题性美术作品的特点是主题鲜明，将大别山革命的历史事件、英雄人物和革命精神生动地呈现出来。画面常常以浓郁的色彩和明快的线条表现，强调情感上的冲击力和视觉上的震撼力，使观众能够更深刻地感受到革命的伟大意义。这些作品不仅展现了大别山革命的英雄主义和革命精神，还反映了人民群众的无私奉献、团结一心的精神风貌。这些作品在艺术上追求真实、生动、感人，在情感上具有极强的感染力，激发了观众的革命热情和爱国热忱。他们通过绘画、雕塑等艺术形式，以及宣传海报、壁画等多种媒介，广泛传播了革命的意识形态，深入人心，对于推动革命事业的发展起到了重要作用。那段时期的艺术家们对于表现革命历史事件带有强烈的责任感，他们自发地创作出了许多作品来展现这段历史。这些作品不仅仅是对于革命历史事件的生动再现，同时也展现了画家对于历史的判断以及时代审美风貌。

在进入新世纪之后，大别山革命历史题材的美术创作迎来了真正的高潮。艺术家们通过各种绘画形式，如油画、水彩画等，描绘了大别山地区的革命斗争场景和英勇战士的形象，生动展现了那个时期的历史情境和人物形象。这些作品不仅仅是艺术家们对于历史事件的再现，更是他们对于历史的演绎和思考。通过对于历史事件的深入研究和理解，艺术家们将自己的历史判断融入作品中，使得作品更加富有深度和内涵。这些作品也展示了时代审美风貌的变化。艺术家们在表现历史事件时，运用了当代艺术的语言和表达方式，将传统和现代相结合，呈现出独特的审美观点。这种时代审美风貌的变化，既是艺术家们个人创作风格的体现，也是社会发展进步的反映。

（二）大别山红色文化美术作品赏析

半景画是一种综合艺术形式，通过大型油画为载体，结合地面塑形、声光电等现代手段，再现历史事件的宏大场面。黄麻起义和鄂豫皖苏区革命纪念馆收藏了多幅半景画作品，如宋惠民团队创作的《攻占黄安城》（2007），王今、王勇的《皖西烈焰》（2007）、胡朝阳的《商南起义》（2007）和《中国工农红军四方面军阅兵仪式》（2007），以及李建平的《苏家埠受降仪式》（2007）。[①] 这些作品通过生动的人物形象、浓烈的色彩表现和声光电的现代手段，使画面中情感充盈，极具视觉张力。艺术家们通过对历

① 魏亮．新世纪大别山革命历史题材美术创作研究［J］．美术，2022（7）：142—143.

史事件的深入挖掘和艺术提炼，力求创造出契合时代主旋律的符号，从新的视角重新建构大别山革命精神史诗。这些半景画作品不仅具有很高的艺术价值，而且对观者的精神意志和心灵美具有积极的影响。在创作过程中，艺术家们运用了多种艺术手法，如色彩的运用、线条的勾勒、光影的处理等，使作品具有强烈的视觉冲击力和艺术感染力。同时，他们还注重对历史事件的深入挖掘，力求真实地再现历史场景，使观者能够更好地理解和感受历史事件的深刻内涵。此外，艺术们还注重对作品的创新和突破，力求在继承传统的基础上，创造出具有时代特色的新艺术形式。他们通过不断的探索和实践，使半景画作品在艺术表现上更加丰富和多样，为观者提供了更加广阔的艺术视野。这些半景画作品不仅具有很高的艺术价值，而且对观者的精神意志和心灵美具有积极的影响。它们以其独特的艺术魅力，激发了观者的爱国热情，增强了观者的民族自豪感，同时也提高了观者的艺术鉴赏能力和审美水平。

徐晓鹏的油画作品《烽火少年洪学智》和《不怕死的机枪连长洪学智》是对老一辈革命家的艺术诠释。作品在典型人物处理上，采用了不同于传统写实风格的手法，如平面装饰或意象概括，这种艺术再造与加工既升华了人物原型，又集中反映了人物的性格、时代性及其独特性。

秦文清的油画《挺进大别山——过黄泛区》则通过真实生动的描绘，展现了黄泛区的崎岖与困顿。然而，创作者并不满足于对历史的还原，而是通过英勇无畏的人民军队，组成了强大的团队，凝聚成钢铁洪流，长驱直入，势不可挡，预示着人民军队终将取得胜利。

吴荣春和王嘉共同创作的油画《棉衣战》则生动地描绘了刘邓大军挺进大别山之后的艰苦卓绝的革命斗争。作品不仅展现了艰苦岁月里革命者的乐观主义精神，更是对革命者坚韧不拔、英勇无畏精神的赞颂。

革命历史题材美术作品以其独特的艺术魅力和深刻的思想内涵，深受广大美术爱好者的喜爱。这些作品通过生动的画面、形象鲜明的人物和深刻的主题，展现了革命历史的光辉历程和革命者的英雄气概，同时也反映了艺术家对革命历史和革命精神的深刻理解和独特见解。艺术家们运用了丰富的艺术手法——如现实主义、浪漫主义、象征主义等，使作品具有更高的艺术价值和思想深度。时光荏苒，诸多革命历史题材艺术作品已然成为中国文学艺术的瑰宝。这些作品不仅具有很高的艺术价值，而且对于传承和弘扬革命精神，激发人们的爱国热情，也具有重要的意义。我们应该珍视这些作品，继续发扬光大革命精神，为实现中华民族伟大复兴的中国梦而努力奋斗。

大别山作为中国红色革命的摇篮，见证了无数英雄儿女的英勇事迹，为民族解放和国家的重生奠定了基础。自中华人民共和国成立以来，革命历史题材美术作品在开放性文化语境中得到了充分的体现和发展，尤其在大别山革命历史题材美术作品中表现得淋漓尽致。这些作品以其严谨的革命现实主义画风和深厚的浪漫主义情怀，与大别山红色文化的发展息息相关。通过对历史图像的建构和叙说，大别山的革命历程得以生动地呈现，使得革命英雄们的形象以饱满的姿态烙印在后辈的记忆中，起到了教育后人的功能。这是大别山革命历史题材美术创作者共同的表现立场与美学逻辑。然而，每位美术家在阐述和表达大别山革命历史的角度上各有千秋，他们笔下的历史瞬间各具特色，甚至同一事件在不同美术家眼中也有着不同的解读。这种多样性在任何主题性创作中都是客观存在的。有些作品反映了革命者不畏强敌，视死如归的革命精神；有些作品则描绘了革命者追求民主、敢为人先的先锋力量。这些作品共同揭示了大别山革命历史题材美术作品在主题性美术创作发展中的独特地位。

可以说，大别山革命历史题材美术作品是美术家基于对大别山历史文化的深刻理解，进行叙事重构的成果。他们通过塑造鲜活的革命人物和革命战争场景，构建了一个真实的革命历史文化现象。这不仅意味着美术家通过作品缝合了断裂性的历史，更构建了一个特殊且融合了时间和空间的时空艺术。这些作品不仅为后人提供了了解和传承革命历史的窗口，也为大别山红色文化的传承和发展做出了重要贡献。此外，大别山革命历史题材美术作品还体现了美术家对历史真实性和艺术性的追求。他们在创作过程中，注重对历史事件的真实再现，同时又不失艺术性的表现。这种对历史真实性和艺术性的追求，使得这些作品既具有深刻的历史意义，又具有独特的艺术价值。同时，这些作品也反映了美术家对革命精神的深刻理解和对革命历史的深切怀念，体现了他们对民族解放和国家建设的坚定信念和崇高理想。

在当代社会，大别山革命历史题材美术作品仍然具有重要的历史价值和现实意义。它们不仅是对革命历史的回顾和纪念，也是对革命精神的传承和弘扬。通过这些作品，我们可以更加深入地了解和认识革命历史，更加深刻地体会到革命先烈的英勇事迹和崇高精神，从而激发我们的爱国主义情怀，增强我们的民族自豪感和自信心。

本章小结

本章深入探讨了红色文化美术设计的多样性及其在不同艺术领域中的应用价值。通过对绘画美、书法美、设计美、建筑美、雕塑美以及融入红色文化的美术设计之美的全面分析，我们得以领略到红色文化美术设计的独特魅力和深远影响。继而分析了绘画美在国画、油画、漆画等多种绘画形式中的体现，以及它们如何展现红色文化的独特风貌。接着，我们探讨了书法美在不同书体和笔触中的表现，以及书法在传承和弘扬红色文化中的重要地位。此外，设计美作为现代艺术的重要分支，我们讨论了设计在传达红色文化理念和价值观方面的作用。在建筑美方面，我们探讨了红色建筑在历史、文化、艺术等多个层面的教育价值。此外，我们还重点讨论了雕塑美在红色文化中的表现形式，以及雕塑作品如何通过视觉和空间的呈现来传达红色精神。本章的后半部分，我们深入探讨了红色文化美术设计资源的开发与应用，包括红色绘画、书法、建筑等方面的经典作品，以及它们在美育方面的价值。通过对红色文化美术设计资源的梳理和分析，我们可以看到这些资源在传承红色文化、提升公众审美水平和弘扬民族精神方面具有不可替代的作用。

章节测试

1. 请简述国画与油画在表现手法和艺术特点上的主要差异。

2. 描述一件您认为最具代表性的书法作品，并分析其艺术价值和历史意义。

3. 在设计美中，请列举三种不同的设计原则，并解释它们在实际设计中的应用。

4. 选择一个著名的建筑案例，阐述其建筑风格和对当代建筑美学的影响。

5. 讨论红色文化在美术设计中的应用，并分析红色绘画、红色主题书法和红色建筑在美育方面的价值。

案例分析

美术作品分类赏析

绘画美：选取《转战陕北》等红色主题国画作品，分析其构图、色彩、线条等绘画语言如何表现革命历史和英雄人物，以及其在美育中的作用。

书法美：选取《七律·长征》等红色主题书法作品，探讨书法艺术在表现古典诗词中的独特魅力和深远影响。

设计美：分析如邮票、纪念币等红色文化相关的设计作品，探讨设计美学在传播红色文化中的应用和价值。

建筑美：选取如人民英雄纪念碑、延安窑洞等红色建筑，分析其建筑风格、象征意义以及在当代社会中的美育价值。

雕塑美：选取如《雷锋像》等红色主题雕塑作品，分析雕塑展现英雄形象的力量和美感。

实践活动

1. 国画创作：组织参与者学习国画的基本技巧，如水墨画、工笔画等，并创作以红色文化为主题的国画作品。

2. 红色主题书法创作：鼓励参与者创作以红色文化为主题的书法作品，并进行展示和交流。

3. 红色文化资源研究：组织参与者研究红色文化的历史背景、典型事件和人物，收集相关资料和素材。

第六章

音乐舞蹈之美

学习目标

通过本章的学习，尝试了解音乐、舞蹈艺术的基本概念，包括音乐、声乐、器乐和舞蹈的定义及其相互关系；掌握音乐艺术的分类，包括声乐和器乐两大类，并了解各自的艺术特点；学会欣赏音乐艺术，包括声乐和器乐的欣赏要点，提高个人的艺术鉴赏能力和审美水平；了解舞蹈的基本概念、基本要素和分类，包括舞蹈的基本特点和舞蹈欣赏的要点；深入探讨红色文化在音乐舞蹈艺术中的融合，理解红色文化与音乐舞蹈艺术的紧密联系；认识红色经典音乐舞蹈作品，了解其精神内涵和时代价值，提高个人的文化素养和历史认识；通过学习，培养对音乐、舞蹈艺术的热爱和尊重，同时增强个人的审美情趣和文化修养；通过欣赏和分析音乐舞蹈作品，提高自己的艺术鉴赏和分析能力，为今后的学术研究和艺术创作打下基础。

一、音乐美概述

（一）音乐概念

音乐是一种艺术形式，通过声音和节奏的组合来表达情感和意义。音乐艺术作品由不同音高、音长、音强和音色的音符组成，可通过乐器演奏、人声歌唱或电子合成等方式呈现。音乐艺术具有独特的美学价值，其还能影响人的情绪、思想和行为。作为一种跨文化的表现形式，音乐在全球范围内都有着广泛的应用和影响。音乐艺术适用于娱乐、教育、治疗等多种类型的场合，是人类文化的重要组成部分。

（二）音乐艺术的类别

音乐艺术的类别可谓多种多样，如按照地域及文化进行划分，音乐艺术便可分为西方古典音乐、东方传统音乐和民族音乐三种。

西方古典音乐历史大致划分为四个时期：巴洛克、古典、浪漫和现代。每个时期都有其独特的风格和代表性作品，这些作品在音乐史上具有重要地位。巴洛克时期（约 1600—1750）的音乐以其华丽的装饰和对比鲜明的音乐形式而闻名。这一时期的音乐注重情感的表现，力求通过音乐传达复杂的情感。这一时期的代表作品有：约翰·塞巴斯蒂安·巴赫的《勃兰登堡协奏曲》和《马太受难曲》。安东尼奥·维瓦尔第的《四季》。乔治·弗里德里希·亨德尔的《弥赛亚》。

古典时期（约 1750—1820）的音乐以其清晰的结构、优雅的风格和对和声的重视而著称。这一时期的音乐强调音乐形式的对称性和平衡感。这一时期的代表作品有沃尔夫冈·阿马德乌斯·莫扎特的《费加罗的婚礼》和《安魂曲》。约瑟夫·海顿的《创世纪》和《四季》。路德维希·范·贝多芬的《第九交响曲》和《月光奏鸣曲》。

浪漫时期（约 1820—1900）的音乐强调个性化的表达和对自然、历史、文学等元素的借鉴。这一时期的音乐作品具有丰富的色彩和动态范围。这一时期的代表作品有弗里德里克·弗朗索瓦·肖邦的《夜曲》和《圆舞曲》。理查德·瓦格纳的歌剧《尼伯龙根的指环》。彼得·伊利奇·柴可夫斯基的《胡桃夹子》和《第六交响曲》。

现代时期（约 1900 至今）的音乐风格多样，突破了传统音乐的框架。这一时期的音乐家们尝试运用新的音乐语言和技巧，探索音乐的无限可能。这一时期的代表作品有阿诺尔德·勋伯格的《变形》。伊戈尔·斯特拉文斯基的《春之祭》。贝拉·巴托克的《微型交响曲》。

东方传统音乐以中国民乐、印度古典音乐、日本和韩国的传统音乐为主要构成。中国民乐中的五声音阶，即宫、商、角、徵、羽，是基于数学比例关系的。五声音阶的构成是通过将八度音分为五个等分来实现的，这种划分方法体现了数学中的等比数列。此外，中国古代的律学也是基于数学原理，通过三分损益的方法来调整音高，从而使音乐更加和谐。这种方法可以追溯到《周礼》和《史记》等古籍，展示了音乐与数学之间的紧密联系。

在印度古典音乐中，拉格（Raga）是一种独特的音乐结构，它是由七个音符组成的音阶。拉格的构成和演变遵循着严格的数学规律，如音程比例和音符之间的关系。此外，印度古典音乐中的塔拉（Tala）是一种节奏结构，它规定了不同音符在音乐中的时值。塔拉的构成同样涉及数学原理，如分数和循环等。这些音乐元素的组合使得印度古典音乐更加丰富多彩。

日本和韩国的传统音乐也体现了音乐与数学的关联。在日本传统的和声中，音阶是由五个音符组成的，称为五音阶。五音阶的构成同样基于数学比例关系，类似于中国民乐中的五声音阶。在日本和韩国的传统音乐中，节奏和旋律的组合也遵循着一定的数学规律，如对称和重复等。这些规律使得音乐更加和谐，同时为演奏者提供了丰富的表现空间。

民族音乐是世界各地区、各民族独特的音乐形式，它们承载着各种文化背景、历史传统和民族特色。非洲鼓乐是一种充满活力和律动感的音乐形式，其起源于非洲大陆，随着历史的发展，逐渐传播到世界各地。非洲鼓乐的特点在于其强烈的节奏感和多样性，各种类型的鼓和打击乐器共同创造出独特的音响效果。非洲鼓乐在非洲各地有着丰富的地方风格，如西非的德姆贝鼓、中非的康加鼓等。这些鼓乐形式在当地的宗教仪式、庆典活动和民间传统中扮演着重要角色。

拉丁美洲的桑巴是一种极具感染力的舞蹈音乐，起源于巴西，后来传播到整个拉丁美洲地区。桑巴音乐的特点是其快速的节奏、明快的旋律和富有激情的表现力。桑巴音乐通常伴随着舞蹈表演，强调身体的动作和节奏感。桑巴音乐中常见的乐器有吉他、康加鼓、钢鼓等，它们共同营造出一种充满热情和活力的氛围。

在当今全球化的背景下，民族音乐逐渐成为世界各地人们共同欣赏和学习的艺术形式。通过了解和体验不同地区、不同民族的音乐传统，我们可以更好地理解彼此的文化差异，促进文化交流和相互理解。因此，保护和传承各地民族音乐，不仅有助于维护世界文化多样性，还能为世界各地的人们带来更加丰富多彩的音乐体验。

按照表现形式来分类，音乐艺术可分为器乐音乐、声乐音乐、电子音乐三个类型。器乐音乐主要通过乐器的演奏来表现，不涉及人声。器乐音乐具有广泛的风格和形式，包括交响乐、室内乐、管弦乐、独奏、重奏等。交响乐通常是由大型乐队演奏的音乐作品，具有丰富的音色和宏大的气势；室内乐则是在较小的场地和规模中演奏的音乐，通常更注重细腻的情感表达；管弦乐则是以管弦乐队为基础，包括各种木管、铜管、弦乐和打击乐器；独奏和重奏则突出单个乐器或多个乐器之间的对话和互动。

声乐音乐以人声为主要表现形式，可以包括合唱、歌剧、音乐剧、流行歌曲等多种形式。合唱是一种集体性的声乐表演，通常分为四个声部，通过声部之间的和谐配合展现音乐的美感；歌剧则是一种戏剧性的音乐表演形式，融合了声乐、器乐、舞蹈、戏剧等多种艺术元素；音乐剧则更注重叙事性和娱乐性，通常以流行音乐和舞蹈为主要表现手法；流行歌曲则是大众最为熟悉的声乐音乐形式，具有广泛的受众和多样化的风格。

随着科技的发展，电子音乐作为一种新兴的音乐形式逐渐崛起。电子音乐主要通过电子设备制作，包括电子舞曲、实验电子音乐、电子原声音乐等。电子舞曲是一种以节奏和律动为核心，适合舞池和派对场合的音乐；实验电子音乐则更注重音乐的创新性和探索性，尝试运用各种电子设备和技术手段创作出具有独特风格和表达力的音乐作品；电子原声音乐则是为电影、电视剧、游戏等视听作品创作的背景音乐，通常结合传统乐器和电子音乐元素，营造出丰富的氛围和情感。

从风格和流派角度对音乐艺术进行分类，其可分为流行音乐、爵士音乐等等。流行音乐是一种广泛受欢迎的、通俗易懂的音乐形式。它以简单的旋律、轻松的节奏和易于传唱的歌词为特点，吸引了大量听众。流行音乐的类型繁多，包括流行歌曲、摇滚乐、电子舞曲等。这类音乐很大程度上强调娱乐性和商业价值，因此往往具有较高的市场接受度。流行音乐的代表人物有迈克尔·杰克逊、麦当娜、甲壳虫乐队等。

爵士音乐 19 世纪末 20 世纪初起源于美国，是一种充满创意和即兴演奏的音乐形式。爵士音乐的特点是强调复杂的和声结构、多变的节奏和独特的即兴演奏技巧。它融合了非洲音乐的节奏元素和欧洲古典音乐的和声体系，形成了一种独特的音乐风格。爵士音乐的代表人物有路易斯·阿姆斯特朗、艾拉·菲茨杰拉德、迈尔斯·戴维斯等。

（三）音乐艺术的欣赏要点

1. 情感体验

在欣赏音乐的过程中，人们应该努力让自己的情感与音乐产生共鸣，全身心地投入音乐所营造的氛围中。音乐作品中的旋律、节奏与和声都是情感表达的重要元素。

旋律线条的起伏变化可以引导我们感受到音乐的动态变化，节奏的快慢和强弱则影响着我们对音乐情感的感知，和声的丰富性则为音乐作品增添了更多的情感层次，使得我们在欣赏过程中能够体验到更为复杂的情感变化。

音乐的类型和风格也是影响人们情感体验的重要因素。比如古典音乐通常以优美的旋律和丰富的和声为特点，能够带给人们宁静与安详的感受；而摇滚音乐则以其强烈的节奏和激昂的情感表现为人们带来激情与活力。通过了解不同类型和风格的音乐特点，我们可以更好地把握音乐作品的情感走向，从而加深我们的情感体验。

音乐作品背后的故事和创作背景也是影响我们情感体验的重要因素。了解作品背后的故事可以帮助人们更好地理解音乐所要传达的情感，从而产生更强烈的共鸣。如贝多芬的《命运交响曲》通过强烈的音乐对比和紧张的情感氛围，表达了人类在面对命运挑战时的坚定与勇敢，让我们在欣赏过程中感受到音乐所传达的深刻情感。

2. 历史文化背景

作曲家的生平、创作时期的历史文化环境等因素，都对音乐作品产生了重要的影响。研究这些背景信息，可更好地理解音乐作品的创作动机、风格特点以及所传达的情感和思想。

在作曲家的生平方面，可发现许多音乐作品都是作曲家在特定时期的生活经历和情感体验的体现。如贝多芬的《命运交响曲》就是在他失聪的困境中创作出的，这部作品充分展示了贝多芬与命运抗争的勇气和坚定信念。通过了解作曲家的生平，我们可以更深入地理解音乐作品中所蕴含的情感和思想。

创作时期的历史文化环境对音乐作品的影响同样不容忽视。如在巴洛克时期，音乐作品往往强调华丽的装饰和对比鲜明的音色，这与当时的社会风气和审美观念密切相关；而在浪漫主义时期，音乐作品则更注重表达个人情感和内心世界，这与当时社会对个人主义和情感表达的重视有很大关系。通过研究这些历史文化背景，我们可以更好地把握音乐作品的风格特点和创作理念。此外，音乐作品还可能受到作曲家个人信仰、政治观念等因素的影响。如宗教音乐作品，如《马太受难曲》，就深受其宗教信仰的影响，作品中充满了对信仰的虔诚和对救赎的渴望。通过了解这些因素，我们可以进一步丰富对音乐作品的理解。

3. 演奏技巧与表现力

精湛的演奏技巧能够精确地诠释作品的意境，而丰富的表现力则能使音乐作品更加生动和感人。演奏技巧是音乐表现的基础。演奏者通过长时间的练习和技巧磨炼，能够熟练掌握各种乐器和演奏方法，从而在比赛中或音乐会上呈现出高水平的演出。比如钢琴演奏者需要具备扎实的指法、踏板技巧以及对力度和音色的精确控制，这样才能使音乐作品得到充分的表现。

表现力是音乐演奏的灵魂。演奏者通过情感的投入和对作品的深刻理解，将音乐中的情感和故事传达给听众。一个富有表现力的演奏者能够将作品的喜怒哀乐展现得淋漓尽致，使观众沉浸在音乐的海洋中。比如小提琴演奏者可以通过不同的弓法和指法，表现出柔和、激昂、忧郁等多种情感，让人仿佛置身于故事之中。通过观察演奏者的技巧和情感投入，人们可更深刻地感受到音乐的魅力。在欣赏音乐时，我们可以关注演奏者的技巧运用，如音色、力度、节奏等方面的处理，以及他们在表现音乐情感时的投入程度。这样的观察有助于我们更好地理解和欣赏音乐作品，提高我们的音乐素养。

二、声乐美

（一）声乐的概念

声乐是指用人声进行演唱的艺术形式，其通过声音的高低、强弱、快慢等变化来表达情感和讲述故事。声乐表演涵盖了广泛的风格和技巧，在声乐表演中，歌手利用呼吸控制、音准掌握、音色变化等技术手段，将音乐作品的情感和意境传达给听众。声乐艺术的特点在于它的直接性和感染力。通过人声的自然美和表现力，歌手能够直接与听众建立情感联系。在声乐的训练中，歌手需要注重呼吸技巧、发声方法、音乐理论知识等方面的学习，以提升自己的演唱能力。此外，声乐演唱也要求歌手具备良好的语言发音能力，以便更准确地传达歌词的意义。

（二）声乐艺术的类别

声乐艺术作为一种富有魅力和表现力的艺术形式，确实包含了多种类别和风格。根据演唱形式进行分类，其主要分为独唱、合唱、对唱和小组唱。独唱是一种独特的演唱形式，它要求歌手具备出色的技巧和表现力，以便在没有其他声音的支持下独立演唱。独唱可以进一步细分为艺术歌曲、民歌、流行歌曲等多种风格。独唱作品往往注重歌曲的旋律、歌词和情感表达，使观众能够专注于歌手的声音特点和个人魅力。

合唱是一种集体性的演唱形式，它涉及多位歌手共同完成一首歌曲的演绎。合唱可以分为同声合唱和混声合唱两大类。同声合唱通常指的是由相同声部的歌手组成的团体，如男声合唱、女声合唱等；而混声合唱则是由不同声部的歌手共同组成的团体，如女高音、女中音、男高音和男低音等。合唱作品强调声部之间的和谐与配合，以及整体的音乐效果，使观众能够欣赏到丰富的声部层次和多样的声音组合。

对唱是一种特殊的演唱形式，通常出现在歌剧和音乐剧中。两位歌手通过交替或同时演唱，展现角色之间的对话、互动和情感变化。对唱要求歌手具备较高的演技和音乐素养，以便在表现角色个性的同时，保持声音的协调和统一。

小组唱是一种介于独唱和合唱之间的演唱形式，通常由少数几位歌手组成的小团体共同完成。小组唱注重小组成员间的默契和声部搭配，以及整体的音乐效果。它可以包括无伴奏的和声，也可以加入乐器伴奏。小组唱作品往往具有较强的即兴性和创新性，使观众能够体验到不同声部之间的独特对话和互动。

按照特殊声乐技巧分类，声乐艺术则主要分为泛音唱法、喉音唱法、假声唱法等。

泛音唱法是一种在主音之上同时发出另一个或多个泛音的技巧。这种唱法在世界各地的民族音乐中都有出现，尤其在蒙古长调等民族音乐中表现得尤为突出。泛音唱法能够产生一种神秘而又迷人的音色，为音乐作品增色不少。

喉音唱法是一种通过特殊的声音产生方式，在喉咙部位发出低沉的声音。这种唱法在图瓦人的喉唱中表现得尤为明显。喉音唱法的特点是声音低沉、浑厚，具有很强的穿透力，能够给听众带来一种震撼的感觉。

假声唱法是一种使用假声带发声的技巧，声音较高且具有特殊的音色。这种唱法在古典音乐中的女高音部分尤为常见。假声唱法可以让歌手在高音区域自如地发挥，展现出优美的旋律和动听的音色。同时，假声唱法还能使歌手在演唱过程中更好地控制音量和气息，提高演唱技巧。

除了以上提到的泛音唱法、喉音唱法和假声唱法，还有许多其他的声乐技巧，如颤音唱法、滑音唱法、轻声唱法等。这些声乐技巧各具特色，为声乐艺术的多样性和丰富性提供了强大的支持。

从声乐应用的角度，声乐艺术则主要分为教育声乐、治疗声乐、宗教声乐等。

教育声乐旨在培养学生的音乐素养、基本技能和表现能力。在学校音乐教育和专业声乐培训等场合中，教育声乐发挥着至关重要的作用。通过系统的声乐练习和演唱，学生能够提高对音乐的感知、理解和表达能力，从而更好地领悟音乐的美学价值和内涵。在教育声乐的过程中，音乐素养的培养是基础。音乐素养包括音乐理论知识、音乐欣赏能力和音乐创作能力等方面。通过声乐教学，教师可以帮助学生掌握音乐的基本元素，如音高、节奏和声等，从而为他们提供坚实的音乐基础。此外，教师还可以通过介绍不同风格和时期的音乐作品，培养学生的音乐欣赏能力，使他们能够更好地理解和评价各种音乐作品。基本技能的培养是教育声乐的核心。声乐技能包括呼吸控制、发声方法、音准掌握、节奏感等。在声乐课程中，教师需要针对每个学生的具体情况，制订个性化的训练计划，以帮助他们掌握正确的发声方法和呼吸技巧。这不仅能够提高学生的演唱水平，还能保护他们的声带健康，避免因错误的方法导致的声音损伤。表现能力的培养是教育声乐的目标。在教育声乐的过程中，教师需要关注学生的个人特点和潜能，鼓励他们发挥创造力和表现力。通过参加合唱团排练、独唱和小组唱等多种形式的演出活动，学生能够在实践中锻炼自己的舞台表现力和团队协作能力，这将有助于他们在未来的声乐生涯中更好地展示个人魅力和才华。

治疗声乐作为一种独特的音乐疗法形式，已经成为现代医疗和心理康复领域的重要手段。其通过将声乐活动与心理、生理治疗相结合，为人们提供了一种全新的身心康复途径。在这一过程中，歌唱治疗发挥着至关重要的作用，不仅能够帮助参与者缓解压力，还有助于恢复生理健康和实现心理平衡。

歌唱治疗在心理层面具有显著的疗效。通过歌唱，个体可以将内心的压抑、焦虑、悲伤等负面情绪释放出来，从而减轻心理压力。此外，歌唱还能够提高参与者的自信心和自尊心，使他们在面对生活中的困难和挑战时更加坚定和勇敢。同时，歌唱治疗还能促进人际交往和沟通，帮助人们建立更紧密的社交联系，从而增强归属感和安全感。在生理层面，歌唱治疗同样具有显著的益处。研究表明，歌唱可以改善呼吸系统功能，增强肺活量，从而促进血液循环和新陈代谢。同时，歌唱还能够调节神经系统，降低心率和血压，使身体各系统更加和谐地运作。此外，歌唱还能刺激大脑释放内啡肽等愉悦物质，提高人体的免疫力和抵抗力，有助于预防和治疗各种疾病。在实施歌唱治疗时，治疗师需要根据个体的具体情况制订合适的治疗计划。这包括选择合适的歌曲、调整音高和音量、引导呼吸和发声技巧等。在治疗过程中，治疗师还需要密切关注参与者的反应和需求，及时调整治疗策略。

宗教声乐是在宗教仪式、活动和场合中使用的声乐，具有浓厚的宗教色彩和神圣性。此类声乐在不同的宗教文化中有不同的表现形式，在为信徒提供精神慰藉的同时，也展现了人类对神圣事物的敬畏与尊崇。如在礼拜活动中，圣诗是一种重要的宗教声乐形式。这些圣诗通常是对上帝的颂赞和信仰的表达，旨在强化信徒对神的信念和对教义的理解。这些歌曲往往具有优美的旋律和深刻的歌词，使信徒在歌唱过程中得到心灵的滋养和宗教情感的升华。佛教的梵呗则是一种独特的宗教声乐形式，它通过对佛的赞颂和经文的吟诵，实现精神上的净化和提升。梵呗的旋律通常较为简单，但具有一种神秘的魅力，能引导信徒进入一种沉思的状态。通过诵读经文，信徒可以更深入地理解佛教教义，从而达到内心的平和与宁静。

宗教声乐不仅在宗教活动中发挥作用，还具有较高的艺术价值和历史传承性。许多宗教声乐作品都是经过数百年甚至上千年的传承和演变，成为人类文化遗产的一部分。这些作品往往代表了各个时期宗教音乐的发展趋势，反映了社会历史背景的变化，同时也展示了音乐风格和表现手法的多样性。

（三）声乐艺术的欣赏要点

1. 声音品质

欣赏声乐艺术时，人们首先需要关注歌唱者的嗓音品质。嗓音品质是评价一个歌手表现的重要标准之一，它包括多个方面，如声音的饱满度、清晰度、共鸣和音色等。

声音的饱满度是指歌唱者发出的声音具有足够的力量和宽广的音域。一个具有良好饱满度的声音可以在不同的音高和音量下保持稳定，让听众感受到歌手丰富的情感表达。这种声音通常更具感染力和渗透力，能够更好地抓住听众的注意力。

声音的清晰度则是歌唱者在发音和吐词方面的技巧，它要求歌手在演唱过程中能够准确、清晰地传达歌词的意义。一个清晰的发音有助于听众理解歌曲的内容和感受歌手的真挚情感。同时，清晰的发音也是歌手专业素养的体现，能够提升整个演出的品质。

共鸣是指歌唱者在发声过程中，声音在各个共鸣腔（如口腔、鼻腔和头腔等）中产生的共振效果。良好的共鸣能让声音更加圆润、丰满且具有空间感，从而增强音乐的美感。一个具有出色共鸣的歌声能够让听众沉浸在美妙的音乐之中，感受到歌手的高超技艺。

音色则是歌唱者声音的独特色彩和个性，它是评价歌手嗓音的一个重要因素。不同的歌手具有不同的音色特点，如甜美、沙哑、高亢等。良好的音色可以让歌手在众多声音中脱颖而出，为歌曲赋予独特的魅力。

2. 技巧与控制

在声乐艺术中，歌唱者的技巧和声音控制能力起着至关重要的作用。音准的准确性是歌唱者的基本要求。一个具有高度音准意识的歌唱者能够准确无误地演唱各种音阶和旋律，使听众沉浸在美妙的音符之中。为了达到这一目标，歌唱者需要通过长时间的练习和训练，提高自己的音乐感知能力和发音准确性。音量的控制也是歌唱者必须掌握的技能之一。在不同的音乐作品中，根据情感的需要和场景的变换，歌唱者需要灵活地调整自己的音量，从低吟浅唱到高亢激昂，都能够游刃有余。通过音量的控制，歌唱者可以将歌曲的情感深度和内涵表现得淋漓尽致。气息的运用是歌唱者在演唱过程中至关重要的技巧。掌握正确的呼吸方法和气息控制能力，可以使歌唱者在演唱长音或高潮部分时更加稳定和持久。通过练习呼吸技巧，歌唱者能够更好地支持声音，保持音准和音色的一致性。颤音和滑音等特殊技巧的运用也是衡量歌唱者水平的重要标准。颤音是一种表现力极强的歌唱技巧，可以使歌曲更具动感和生命力。滑音则是一种连接不同音符的技巧，使歌曲旋律更加流畅。歌唱者通过熟练地运用这些技巧，可以为歌曲增色添彩，展现出独特的个人风格。

3. 情感表达

声乐艺术之所以引人入胜，源于其独特的魅力——传递情感与讲述故事。在欣赏声乐表演时，人们需要关注歌唱家如何巧妙地运用声音的抑扬顿挫、情感的深度投入以及歌词的精准诠释来展现作品的丰富内涵。声音的抑扬顿挫是歌唱家表达情感的重要手段之一。通过声音的高低起伏、节奏变化和音色的转换，歌唱家能够生动地刻画出歌曲中所要传达的情感与氛围。这样的技巧不仅能够为观众带来愉悦的听觉体验，同时也能使作品的内涵得以充分展现。情感的投入对于声乐表演的成功至关重要。歌唱家需要将自己的情感融入歌曲之中，与作品产生共鸣。这样，观众才能够感受到歌曲所传达的情感波动，从而产生共鸣。歌唱家的情感投入不仅能够提高作品的感染力，还能够使观众更加投入表演中，感受歌曲的魅力。歌词的诠释是声乐艺术中不可或缺的一环。歌唱家需要深入理解歌词的意义和背后的故事，通过对歌词的精准诠释，将歌曲的主题和情感传达给观众。在这一过程中，歌唱家需要具备丰富的表现力和语言技巧，使得歌词与旋律、情感完美融合，从而呈现出一个引人入胜的音乐画卷。

4. 作品诠释

在欣赏一首歌曲时，歌唱者对作品的理解和诠释起着至关重要的作用。这不仅体现在对作品背景、风格、情感等方面的把握，还包括在演绎过程中对作品的个性化处理。歌唱者需要深入了解作品的背景。这包括了解作品的创作背景、历史背景以及作者的生平和创作意图。通过对这些信息的了解，歌唱者可以更好地把握作品的精神内核，从而在演唱时传递出更加准确的情感。歌唱者要对作品的风格有清晰的认识。不同的音乐风格具有不同的特点和表现手法，例如古典音乐强调技巧和严谨的结构，而流行音乐更注重旋律和情感的表达。歌唱者在演绎作品时，应充分理解和运用这些风格特点，使作品的表现更加丰富多彩。歌唱者要敏锐地捕捉作品的情感变化。音乐作品往往具有丰富的情感层次，歌唱者需要通过自己的声音、表情和肢体语言，将这些情感传达给听众。在这一过程中，歌唱者可以运用声音的强弱、音色的变化、气息的控制等多种技巧，以增强作品的表现力。

三、器乐美

（一）器乐的概念

器乐也称为乐器音乐，是指通过各种乐器演奏的音乐形式，其与声乐相对，后者是通过人声演唱的音乐。器乐的历史悠久，可以追溯到古代文明，不同文化和地区都有其独特的乐器和演奏风格。乐器的种类繁多，按照演奏方式则可分为吹奏乐器、弦乐器和打击乐器。吹奏乐器如长笛、萨克斯管；弦乐器如小提琴、钢琴；打击乐器如架子鼓、钢琴。每种乐器都有其独特的音色和表现力，通过不同的演奏技巧，可以表现出丰富多彩的音乐情感和风格。器乐在音乐艺术中占有重要地位，其可以独立演奏，也可以作为伴奏或合奏。独奏乐器能够展现乐器本身的音色美和演奏者的技巧；而合奏则能够展现出不同乐器间的声音和谐与对话，创造出更为复杂和丰富的音乐效果。

（二）器乐艺术的类别

器乐艺术表现形式相对多样，如按照演奏方式分类，其具体分为吹奏乐器、弦乐器、打击乐器和电子乐器。

吹奏乐器是一类非常独特且具有广泛影响力的乐器，它们的共同特点是通过演奏者吹气，使乐器内部的空气柱产生振动，从而发出各种各样的声音。这类乐器的音色丰富多样，音域广泛，能够为各种音乐风格提供独特的声音色彩。在吹奏乐器的“家族”中，有许多我们耳熟能详的成员。如长笛，它以其清脆悦耳的音色和灵活的演奏技巧广受喜爱；双簧管则以其柔和且略带哀婉的音色，成为交响乐团中重要的木管乐器之一；单簧管（如黑管）则以其富有表现力的音色和广泛的音域，在各种音乐领域中占有一席之地。铜管乐器涵盖圆号、小号、长号等，其以自身雄壮的音色和演奏时强烈的节奏感，为乐队带来强烈的冲击力。萨克斯管则以其独特的音色和表现力，在爵士乐中占据举足轻重的地位。而笛子和口琴等民间吹奏乐器，也在民族音乐中具有丰富的表现力和独特的韵味。吹奏乐器在各种音乐领域都有广泛的应用。在交响乐团中，它们是不可或缺的重要组成部分，为古典音乐的演奏提供了丰富的音色和层次感。在爵士乐队中，吹奏乐器的即兴演奏能力和独特的音色，为爵士乐的发展和创新提供了源源不断的动力。同时，在民族音乐中，吹奏乐器也承载着世代相传的音乐文化，成为各地民间艺术的瑰宝。

弦乐器是一类独特的乐器，其声音是通过弦的振动而产生的。这类乐器的特点是拥有丰富的音色和表现力，能够演奏出优美动听的旋律。演奏者通过改变弦的张力、长度和位置来调整音高，从而实现音乐作品中各种音符和旋律的呈现。弦乐器的音色通常柔和优美，适合表现旋律线条，这使得它们在古典音乐、民族音乐和流行音乐中都占有重要地位。在古典音乐领域，小提琴、中提琴、大提琴和低音提琴等弦乐器是交响乐团中的重要组成部分，它们共同演绎着美妙的音乐篇章。此外，吉他、竖琴等弦乐器也在流行音乐中发挥着重要作用，为歌曲增色添彩。在民族音乐中，各种弦乐器也具有独特的地位。比如中国的古筝和二胡，它们的音色独具魅力，能够表现出浓厚的民族风情。这些乐器在中国的传统音乐中占据核心地位，为世人展现出中华民族丰富的文化底蕴。除了上述常见的弦乐器外，世界各地还有许多其他类型的弦乐器，如印度的西塔琴、爱尔兰的尤克里里等。这些乐器在各自的文化背景下，承载着丰富的历史和传统，为世界音乐的多样性做出了巨大贡献。

打击乐器是一类非常独特且多样化的乐器，它们通过敲击或震动产生声音。这些乐器在音乐表演中扮演着至关重要的角色，尤其是在节奏和氛围的营造方面。为了让大家更好地了解打击乐器，我们将对其分类进行详细介绍，并探讨其在不同类型的音乐中的应用。根据音高，可将打击乐器分为有固定音高和无固定音高的两种。有固定音高的打击乐器，如定音鼓、钢琴（尽管钢琴也可以归类为弦乐器）、木琴和钢片琴等，它们具有明确的音高，可以在音乐作品中表现出旋律与和声。这些乐器通常用于古典音乐、民族音乐以及现代音乐的某些部分，为作品增添丰富的音色和层次感。而无固定音高的打击乐器，如小军鼓、大鼓、铙钹和三角铁等，它们没有固定的音高，主要通过节奏和力度的变化来表现音乐。这类乐器在各种类型的音乐中都有广泛应用，特别是在民族音乐和现代音乐中，它们可以为作品创造出强烈的氛围感和动感。在音乐表演中，打击乐器起着关键作用。它们可以用于强化节奏，为乐队或合奏提供稳定的节奏基础，同时也可以通过不同的演奏技巧和节奏形式，增加音乐的张力和表现力。此外，打击乐器还可以通过特殊的声音效果，为音乐作品增添异域风情或现代感，使其更具吸引力和独特性。

电子乐器在当今音乐产业中扮演着重要的角色。这些乐器可通过先进的电子技术产生丰富多样的音色，为音乐创作和演出提供了无限的可能性。与传统乐器相比，电子乐器具有更高的操作便捷性和可塑性，使得音乐家和爱好者能够轻松地探索和实现他们的音乐创作构思。电子乐器的种类繁多，包括但不限于合成器、电子琴、电吉他、电贝斯和电子鼓等。每一种电子乐器都有其独特的特点和功能，为音乐的多样性和创新提供了广泛的选择。比如合成器可以模拟各种自然和人造的声音，创造出独特的音效；电子琴则以其丰富的音色库和触感反应著称，适用于各种音乐风格；电吉他和电贝斯则为摇滚、爵士、布鲁斯等流派的音乐提供了强烈的节奏感和动感。在现代音乐、流行音乐和电子音乐等领域，电子乐器的应用非常广泛。它们不仅能够独立演奏，还可以与其他乐器和音乐设备相互连接，实现各种复杂的音乐编排和制作。此外，随着数字音频工作站（DAW）和虚拟乐器软件的普及，音乐制作者可以在家或工作室中轻松地创作和录制高品质的音乐作品。

器乐艺术的演奏应用场合和功能进行分类，可分为室内乐、交响乐、电影音乐和流行音乐。

室内乐是一种专为室内小规模场合演奏的音乐形式，通常由少数乐器组成，如弦乐四重奏、钢琴五重奏等。室内乐强调细腻的情感表达和乐器之间的对话，要求演奏者具备高度的技巧和默契，以便更好地呈现作品的内涵。

交响乐是一种专为大型音乐厅和专业乐队设计的器乐作品，通常包括四个乐章，具有宏大的气势和丰富的情感变化。交响乐往往需要较大的乐队编制，包括弦乐、木管、铜管和打击乐器等多种乐器，以展现作品的丰富层次和动态变化。

电影音乐是专为电影或视觉媒体作品创作的背景音乐，旨在为视觉内容增色添彩，强化情感氛围和故事线索。电影音乐需要与画面紧密结合，通过旋律和声、节奏等元素，传达特定的情感和氛围，使观众更容易沉浸在故事情境中。

流行音乐是一种以大众接受度和商业性为导向的器乐演奏和创作。流行音乐通常具有简单的旋律、重复的节奏和易于传唱的特点，使其容易被大众所喜爱和接受。流行音乐的风格多样，包括摇滚、爵士、电子等多种类型，能够满足不同年龄层和文化背景的人群的需求。

（三）器乐艺术的欣赏要点

1. 了解乐器及其音色

在欣赏器乐艺术时，了解和掌握不同乐器的特点和音色是至关重要的，这不仅有助于人们更好地理解和欣赏各种乐器在乐曲中的运用和表现，还能让人们更加深入地体会作曲家的创作意图和音乐作品所传达的情感。弦乐器如小提琴、大提琴、中提琴和低音提琴等，以其柔和而富有表现力的音色而著称。它们能够演奏出优美的旋律，展现广泛的音域和丰富的情感。小提琴具有高亢激昂的特点，适合表现欢快、悲伤等多种情感；大提琴则以其低沉、温暖的声音，展现一种深沉的美感。通过了解这些特点，我们可以更好地欣赏弦乐器在室内乐、交响乐等作品中的精彩表现。

木管乐器如长笛、双簧管、单簧管和巴松管等，以其清澈明亮的特点为人们所喜爱。木管乐器能够演奏出独特的旋律与和声，为乐曲增色添彩。长笛以其清脆、空灵的音色，常被用于表现清新、宁静的意境；双簧管的音色较为圆润、柔和，适合表现抒情、温馨的氛围。在欣赏木管乐器的演奏时，我们可以关注它们如何在乐曲中与其他乐器相互辉映，共同创造出美妙的音乐画卷。

铜管乐器如小号、圆号、长号和大号等，具有强烈且激昂的音色，常被用于表现雄壮、豪迈的情感。铜管乐器在乐队中起到了支撑和强化旋律的作用，它们的音响效果能激发听众的热情，使音乐作品更具感染力。在欣赏铜管乐器的演奏时，我们可以关注它们如何与其他乐器相互配合，共同营造出音乐的高潮与张力。

在欣赏器乐艺术时，了解各种乐器的特点和音色对于我们理解和欣赏音乐作品具有重要意义。通过观察和聆听不同乐器在乐曲中的运用和表现，我们可以更加深入地体会音乐的美妙和丰富，提高自己的音乐鉴赏能力和审美水平。

2. 感受音乐的情感表达

器乐艺术作品蕴含着丰富的情感，如喜悦、悲伤、宁静、激昂等。在欣赏这些作品时，需细心体会音乐所传达的情感变化，并尝试与作曲家的创作意图和作品背景产生共鸣。须知，研究作品创作的历史背景、作曲家的生平以及作品的创作动机，有助于欣赏者深入理解作品中所蕴含的情感。音乐的基本元素包括旋律和声、节奏和音色等。通过关注这些元素的变化和组合，我们可以更清晰地感受到作品所传达的情感。如快节奏和强烈的节奏可以表达激昂的情感，而柔和的旋律和和谐的和声则能传达宁静和安详的氛围。器乐作品往往通过不同的乐章或段落来展示情感的起伏变化。在欣赏时，我们需要关注这些变化，并尝试理解作曲家是如何通过音乐来表达不同情感的。比如一部交响乐可能从宁静的开端逐渐过渡到激昂的高潮，然后再回归到宁静的结尾。欣赏器乐艺术作品需要时间和经验的积累。通过多听不同类型和风格的音乐，人们可逐渐培养自己的音乐品位，并提高对音乐的敏感性和鉴赏能力。同时，也可以尝试参加音乐会、讲座等活动，与其他音乐爱好者交流，共同探讨和分享音乐的魅力。

3. 欣赏演奏技巧与表现力

器乐艺术的欣赏，确实不仅限于对音乐本身的理解，还涉及对演奏者技巧和表现力的欣赏。精湛的演奏技巧能够将音乐的美感发挥到极致，使得音乐更加生动、感人和富有表现力。而演奏者对作品的深刻理解和独到见解，则能为音乐注入独特的韵味，使其更具感染力和艺术价值。演奏者的技巧是演奏成功的关键。精湛的技巧可以使音乐作品在速度、力度、音色等方面达到完美的平衡，展现出音乐的丰富多样性，这需要演奏者经过长时间的刻苦训练和不断的实践，才能在演奏过程中游刃有余。因此，在欣赏器乐艺术时，应关注演奏者如何运用这些技巧，以及其如何将这些技巧融入音乐的表达中，从而使作品更加引人入胜。

一个优秀的演奏者能够深刻理解作品背后的情感内涵，并通过自己的演奏将其表现得淋漓尽致。演奏者能够把握音乐的节奏和旋律，将自己的情感注入音符之间，使听众能够感受到音乐所要表达的情感深度。因此，在欣赏器乐艺术时，人们还需关注演奏者如何通过自己的表现力，让作品的内在情感得到充分展现。

此外，演奏者对作品的独到见解和个性化演绎也是器乐艺术欣赏的重要方面。每位演奏家都有自己独特的风格和对音乐的理解，这使得同一部作品在不同演奏者的诠释下呈现出截然不同的风貌。在欣赏过程中，可尝试去发现演奏者的个性特点，了解演奏者如何将自己的理解和感悟融入音乐中。

四、舞蹈美

（一）舞蹈概念

舞蹈是一种通过身体动作和节奏来表达情感、思想和故事的艺术形式，具有深厚的文化和社会意义。

舞蹈首先是一种身体语言，舞者通过身体的各个部位，如手臂、腿、躯干等的协调运动来传达信息。这种身体语言是非文字的，它依赖于动作的形状、力度、速度和节奏来表达。舞蹈往往伴随着音乐，音乐的节奏和旋律是舞蹈的重要组成部分。舞者通过与音乐的同步或对抗来创造动态的视觉效果和情感体验。节奏是舞蹈中最为基本的元素之一，它决定了舞蹈的基本框架和风格。舞蹈在空间中的展开是其艺术表现的重要方面。舞者在舞台上的移动，以及与其他舞者的互动，共同构成了舞蹈的空间结构。这种空间的运用不仅影响观众的视觉感受，也与舞蹈的主题和情感表达紧密相关。舞蹈是一种强烈的情感表达方式。舞者通过身体的动作来传达快乐、悲伤、愤怒、爱情等各种情感。这种表达不需要语言，却能直击人心，触动观众的情感共鸣。每种舞蹈都承载着特定的文化背景和历史信息。不同的文化有着不同的舞蹈形式和风格，这些舞蹈反映了该文化的价值观、信仰和社会结构。通过舞蹈，我们可以了解一个社会的过去和现在，以及它的美学观念。舞蹈是一种需要高度技巧和长期训练的艺术。舞者必须通过持续的练习来掌握各种技巧，如平衡、柔韧性、力量和协调性。这些技巧是舞蹈表现的基础，同时也是舞者个人艺术发展的关键。舞蹈既可以是精心编排的作品，也可以是即兴创作的表达。编排舞蹈需要编舞者将动作、音乐、灯光、服装等元素综合考虑，创作出具有连贯性和主题性的表演。而即兴舞蹈则更注重舞者在当下的直觉和情感的自由流露。舞蹈是一种社会性的艺术，它需要舞者之间的合作和交流。在群舞中，舞者们需要协同一致，共同创造出和谐的整体效果。这种合作不仅仅是技术层面的，更是情感和精神层面的共鸣。

舞蹈是人类最古老的艺术形式之一，其起源可以追溯到远古时代。关于舞蹈起源的说法有很多种，但至今没有确凿的证据能够完全解释舞蹈是如何产生的。然而，根据考古学、民族学和人类学的研究，我们可以对舞蹈的起源有一个大致的了解。舞蹈起源于人类的生产劳动。在远古时代，人们为了生存和发展，需要进行狩猎、农耕等劳动。在这些过程中，人们通过模仿动物的动作、节奏和声音，来提高狩猎的成功率和劳动的效果。这种模仿动物的行为，逐渐演变成一种身体运动的艺术形式，即舞蹈。部分舞蹈起源于宗教仪式。在古代，人们对于自然界的许多现象无法理解，因此产生了对神灵的信仰。为了祈求神灵的保佑和恩赐，人们举行各种宗教仪式。在这些仪式中，舞蹈作为一种表达敬仰和祈祷的方式，被广泛使用。通过舞蹈，人们试图与神灵沟通，以获得神灵的庇护和指引。此外，舞蹈还可能起源于战争。在古代，部落之间的战争频繁，为了提高战士的士气和战斗力，部落首领会组织战士们进行舞蹈表演。这种舞蹈通常具有强烈的战斗气氛，通过模仿战斗动作和声音，激发战士们的斗志。随着时间的推移，这种战斗舞蹈逐渐演变成为一种独立的艺术形式。还有一种观点认为，舞蹈起源于人类的社交活动。在古代，人们为了加强部落间的联系和团结，会定期举行各种社交活动。在这些活动中，舞蹈作为一种表达情感和传递信息的方式，被广泛用于交流和沟通。通过舞蹈，人们可以表达爱意、友谊和敬意，从而加深彼此间的感情。

（二）舞蹈的基本要素

1. 舞蹈动作

舞蹈是一种通过身体动作和节奏表达情感和故事的艺术形式。在众多舞蹈风格中，舞蹈动作是构成舞蹈艺术的核心要素。

舞蹈动作是舞蹈表演的基础。一个成功的舞蹈作品需要具备优美的舞姿、准确的节奏和丰富的表现力。这些元素都离不开舞蹈动作的精确执行和创意设计。舞蹈动作不仅要展示舞者的技巧，还要传达作品的情感和主题。因此，舞蹈动作是舞蹈艺术的基石，对于舞蹈表演的成功至关重要。

舞蹈动作具有独特的美学价值。舞蹈动作的美学体现在其形式、节奏和表现力上。舞蹈动作的形式美表现在各种舞姿和造型的优美线条上，这些线条往往能够体现出舞者的身体美感。舞蹈动作的节奏美则体现在舞者对音乐节奏的把握和表现上，通过与音乐的和谐统一，使得舞蹈动作更加生动、富有韵律。此外，舞蹈动作的表现力是通过舞者对情感的传达和对故事情节的表现来实现的，使得舞蹈作品具有更强烈的感染力。

舞蹈是一种通过身体动作和节奏来表达情感和故事的艺术形式。在舞蹈中，舞蹈动作是最基本也是最核心的组成部分。舞蹈动作不仅包括身体的具体运动，还涉及空间、力度、时间和情感等多个维度。了解和掌握这些基本要素，对于学习舞蹈和提高舞蹈表现力至关重要。舞蹈动作的空间性是指舞蹈动作在空间中的位置和范围。舞者通过不同的身体部位和动作幅度，创造出丰富的空间变化。比如身体的上抬和下沉，前后左右的移动和转动，都可以产生不同的视觉效果。空间的利用不仅能够增强舞蹈的动态美感，还能够表达特定的情感和意境。舞蹈动作的力度性是指舞蹈动作的强弱、快慢、轻重等。通过改变动作的力度，舞者可以表现出不同的情绪和气氛。比如柔和、流畅的动作往往传达出轻松、愉悦的情感，而强烈、迅速的动作则能够表达紧张、激烈的情绪。力度的控制是舞蹈技巧的重要部分，需要舞者通过长期的训练和实践来掌握。舞蹈动作的时间性涉及动作的节奏和持续时间。舞蹈中的动作往往伴随着音乐的节奏，通过不同的节奏变化，可以创造出不同的舞蹈风格和情感表达。同时，动作的快慢和持续时间也会影响到舞蹈的整体效果。舞者需要根据舞蹈的特点和表达需求，合理安排动作的时间性。舞蹈动作的情感性是指动作所蕴含和表达的情感。舞蹈是一种非语言的表达方式，舞者通过身体的动作来传达内心的情感和故事。因此，情感的表达是舞蹈动作中最为关键的部分。舞者需要将自己的情感融入每一个动作中，通过身体语言来触动观众的心灵。

表现性舞蹈动作不仅能够展示舞者的身体技巧和舞蹈风格，还能够传达舞蹈所要表达的情感和主题。表现性舞蹈动作的基本特点，是通过身体语言来表达情感和主题。与其他舞蹈形式不同，表现性舞蹈更注重内心情感的表达，通过身体语言来传达舞者的情感状态和内心世界。在表现性舞蹈中，舞者的身体成为表达情感的主要工具，每一个动作、每一个表情都能够传达出舞者的情感和主题。表现性舞蹈动作的类型非常多样化。这些类型包括了基本动作、变化动作和情感表达动作等。基本动作是表现性舞蹈中的基础动作，它们通常是简单、自然、易于掌握的动作，如走路、跳跃、转圈等。变化动作则是在基本动作的基础上进行变化和创新，以展现舞蹈的多样性和创意性。而情感表达动作则是通过舞蹈动作来传达情感和主题，它们通常是具有象征意义和表现力的动作，如手势、面部表情、身体姿态等。表现性舞蹈动作的形式也非常多样。在侧重呈现表现性动作的舞蹈中，舞者可以通过不同的舞蹈风格、音乐、舞台布景和灯光效果等方式来表现舞蹈的情感和主题。比如现代舞强调自由、创新和个性化的表现，常常使用抽象的音乐和舞台布景来表现内在情感；而芭蕾舞则强调技巧和形式的严谨性，常常使用经典的音乐和华丽的舞台布景来展现舞蹈的美感和艺术性。

说明性舞蹈动作同为舞蹈动作的一种类型，此类动作的呈现中，舞者需确保自己的舞蹈动作准确无误，遵循舞蹈的风格和技巧要求。由此，舞者应具备一定的基本功，如柔韧性、力量、平衡感等，以便更好地完成复杂的舞蹈动作。在分析说明性舞蹈动作时，应关注舞者在基本功方面的掌握熟练度，以及舞者在动作完成过程中的技巧运用。此外，舞者需通过身体语言传达情感、故事或主题，使观众能够理解和感受到舞蹈所要表达的艺术内涵。在分析过程中，应关注舞者在动作中的情感投入，以及他们如何利用身体、手势、表情等元素来增强舞蹈的表现力。一个成功侧重呈现说明性舞蹈动作的作品，其动作设计应流畅自然，动作转化应衔接紧密。舞者在进行舞蹈演绎时应保持节奏的稳定性和动作的连贯性，避免出现生硬或不协调的瞬间。在欣赏说明性舞蹈动作时，人们也应关注舞者在动作衔接和过渡方面的处理，以及动作在整体舞蹈编排中呈现的流畅度。

在舞蹈表演中，舞者需要充分利用舞台空间创造出富有张力和层次感的视觉画面。在分析说明性舞蹈动作时，人们也应对舞台空间利用的情况给予相应关注，舞者在舞蹈中的定位和运动轨迹都是值得关注的分析元素。说明性舞蹈动作应与音乐、服装、道具等其他艺术元素相互协调，共同构建完整的艺术作品。在分析过程中，我们应关注舞者如何根据音乐节奏、旋律和风格进行动作创作，以及他们如何与服装、道具等元素相融合，创造出和谐统一的舞台效果。

装饰性舞蹈动作可以作为表演的点缀，为整个舞蹈增色添彩。通过精心设计的装饰性动作，可以使观众更容易理解和欣赏舞蹈的主题和情感。同时，装饰性动作还可以强调舞蹈的重点部分，使得整个表演更具张力和吸引力。装饰性舞蹈动作可以提高舞蹈的艺术价值和审美价值。通过运用各种舞蹈技巧和表现手法，装饰性动作可以使舞蹈更具观赏性和艺术性。比如舞蹈演员可以通过手势、表情、眼神等细节来传递情感和意图，使得舞蹈更具表现力和感染力。装饰性舞蹈动作可以增加舞蹈的创意和独特性。在创作过程中，编舞者可以根据舞蹈的主题和风格，设计出独具匠心的装饰性动作，从而使得舞蹈更具个性和记忆点。同时，装饰性动作还可以为演员提供更多的表现空间，使其能够在舞台上充分发挥自己的特长和才华。装饰性舞蹈动作可以作为舞蹈演员与观众之间的互动桥梁。通过一些具有互动性的装饰性动作，演员可以更好地与观众建立联系，拉近彼此的距离。这样既能增加观众的参与感，也能提高舞蹈的观赏性和吸引力。装饰性舞蹈动作可以作为一种文化传承和交流的方式。在不同国家和地区的舞蹈表演中，装饰性动作往往具有独特的地域特色和民族风情。通过学习和欣赏这些装饰性动作，人们可以更好地了解和体验不同文化的魅力，从而促进文化的传播和交流。

2. 舞蹈节奏

在舞蹈创作和表演中，节奏起着至关重要的作用。其是舞蹈动作与音乐之间的时间关系，决定了舞蹈的基本韵律和气氛。一个优秀的舞蹈作品，往往能够在节奏的运用上达到高度的和谐与统一。通过节奏的变化和控制，舞蹈者能够更好地表达内心的情感，使观众沉浸在舞蹈所营造的艺术世界之中。为了使舞蹈更具表现力和感染力，舞蹈者需要深入了解和研究节奏。这包括对不同音乐风格的熟悉，对舞蹈动作与音乐节奏的协调，以及对舞蹈节奏在不同情境下的恰当运用。通过对节奏的深入理解，舞蹈者能够更好地掌握舞蹈的精髓，将其融入每一个动作和表情之中。在实际舞蹈表演中，节奏的变化可以创造出丰富的视觉效果和情感层次。比如快节奏的动作往往能展现出活力四射的氛围，而慢节奏的舞蹈则更能体现深情和内敛。此外，舞蹈者还可以通过改变节奏的强度、速度和密度，来表现不同的情感和故事情境，从而使舞蹈作品更具张力和吸引力。

编舞者需要对音乐的节奏有敏锐的感知力。音乐的节奏是舞蹈动作的基础，编舞者应充分利用音乐的节拍、速度和强弱变化来设计舞蹈动作。在快节奏的音乐中，舞蹈动作应富有活力、灵活多变，以便与音乐的动感相互呼应；而在慢节奏的音乐中，舞蹈动作则应以流畅、优美的线条和柔和的过渡为主，展现出音乐的抒情与宁静。舞蹈动作的速度与音乐的节奏应保持一致。编舞者需要根据音乐的速度来调整舞蹈动作的快慢，以实现舞蹈与音乐的节奏同步。在快速的音乐中，舞蹈动作应紧凑而有力，使观众能感受到音乐的紧迫感；而在缓慢的音乐中，舞蹈动作则应放慢速度，展现出音乐的宽广与悠远。此外，舞蹈的风格也应与音乐的风格相协调。编舞者需要充分理解音乐的风格特点，如民族音乐、古典音乐、现代音乐等，并根据这些特点来设计舞蹈动作。比如民族音乐往往具有浓厚的地域特色和民间气息，编舞者可以运用具有地域特征的舞蹈动作和表现手法来呈现音乐的独特魅力；而现代音乐则更注重创新与个性，编舞者可以尝试运用新颖的舞蹈形式和技巧，以体现音乐的前卫与时尚。

舞蹈节奏的变化性是编舞中非常重要的一个方面。一个好的舞蹈作品应该具备丰富多样的节奏，以便能够与音乐的起伏和情感相协调。通过节奏的多样性，舞蹈作品可以展现出更强烈的视觉冲击力和艺术感染力，从而吸引观众的目光。节奏的变化可以使舞蹈更具层次感。编舞者可以通过对动作的速度、力度和幅度的调整，创造出不同的舞蹈节奏。比如在一段快节奏的舞蹈中，编舞者可以适当地插入一些慢动作，以此来制造出节奏的对比和变化。这种对比不仅能够让观众在视觉上感受到舞蹈的丰富性，还能够增强舞蹈的情感表达力。节奏的变化有助于增强舞蹈的动感。在编舞过程中，编舞者可以根据音乐的特点和舞蹈的主题，设计出不同节奏的动作。比如在一段充满激情的音乐中，编舞者可以安排一系列快速且有力的动作，以表现出音乐的高涨情绪。而在一段柔美的旋律中，编舞者则可以通过缓慢、流畅的动作，展现出舞蹈的优雅气质。此外，节奏的变化还有助于提高舞蹈的观赏性。通过运用不同的节奏，编舞者可以让舞蹈在视觉上产生更多的变化，从而吸引观众的注意力。比如在一段舞蹈中，编舞者可以设计出一系列节奏明快、动作独特的组合，让观众在欣赏过程中产生惊喜和愉悦感。

舞蹈作为一种综合性的艺术形式，既包括视觉美感的表现，也涵盖了情感的传递。在舞蹈创作过程中，编舞者需要充分考虑到舞蹈的节奏与主题、情感的相互关系，以确保作品的整体协调和观众的情感共鸣。舞蹈节奏是作品的基础，其决定了舞蹈的动态变化和气氛渲染。编舞者在创作时，应仔细分析舞蹈的主题和情感内涵，从而选择合适的节奏。比如在表达欢快、喜悦的情感时，编舞者可以运用轻快、有弹性的节奏，通过跳跃、旋转等动作元素，展现舞者充满活力的一面。而在表达深沉、忧伤的情感时，节奏则应放缓，通过流畅、连贯的舞蹈动作，传递出内心的情感波动。此外，舞蹈节奏的运用还需要考虑到音乐、舞台布景、灯光等多种因素的综合作用。音乐是舞蹈的灵魂，与舞蹈节奏息息相关。编舞者在创作过程中，应与音乐家紧密合作，共同寻找和发掘音乐与舞蹈的内在联系，使音乐的旋律、节奏与舞蹈的表现力相互融合，共同营造出符合主题和情感的氛围。舞台布景和灯光也是影响舞蹈节奏的重要因素。编舞者可以通过对舞台空间的巧妙安排和灯光的变化运用，强化舞蹈节奏的效果。比如在表现宁静、抒情的情感时，可以选择简约的舞台布景和柔和的灯光，让舞者在宁静的环境中翩翩起舞，更好地传达内心的情感。

舞蹈节奏是舞蹈表现的重要元素之一，其不仅能够展示舞蹈的风格和特点，还能够展示舞者的技巧和能力。在编舞过程中，编舞者需要根据舞者的实际水平来进行合理规划，以确保舞蹈的流畅性和观赏性。对于技巧较高的舞者，编舞者可以设计一些复杂且快节奏的舞蹈动作。这类动作往往需要舞者具备较高的身体协调性、力量和柔韧性。通过这些高难度的动作，舞者可以充分展示自己的舞蹈技巧，同时也能够带给观众震撼的视觉享受。比如快速的旋转、连续的跳跃和高难度的地板动作等，都是技巧型舞者可以挑战的动作。对于初学者来说，编舞者应该选择简单且慢节奏的动作。这是因为初学者在舞蹈技巧和身体能力方面相对较弱，过于复杂的动作可能会导致舞者在表演过程中出现失误，影响整体效果。简单且慢节奏的动作有助于初学者更好地掌握舞蹈的基本技巧，逐步提高自己的舞蹈水平。此外，慢节奏的舞蹈还可以让初学者有更多的时间去感受音乐，培养良好的节奏感。在编舞过程中，编舞者还需要根据舞蹈的主题和风格来选择合适的节奏。比如热情奔放的拉丁舞需要强烈的节奏感和快速的动作；而优雅宁静的现代舞则需要慢节奏和柔美的动作。通过对舞蹈节奏的合理把控，编舞者可以更好地传达舞蹈所要表达的情感和意境。

3. 舞蹈构图

舞蹈构图作为舞蹈艺术中的核心要素之一，主要关注舞蹈中动作在空间的排列与设计。这一概念不仅涉及舞蹈动作的形态、方向、线条和质感等方面，还包括了舞蹈表演中的空间利用、时间安排和节奏控制等多个层面。一个优秀的舞蹈构图能够使舞蹈作品更具艺术性和美感，进而提升观众在视觉和情感上的全面体验。良好的舞蹈构图能够突出舞蹈的主题和情感。舞蹈作为一种非语言的艺术形式，其表现力很大程度上依赖于舞者通过动作和空间布局来传达作品的内涵。通过巧妙的舞蹈构图设计，舞者能够在舞台上呈现出丰富的情感变化和故事线索，使观众能够深入地理解和感受到舞蹈所要表达的思想和情感。舞蹈构图能够增强舞蹈的视觉效果。在舞蹈表演中，舞者通过优美的动作线条、和谐的空间关系和鲜明的色彩搭配，创造出独特的视觉形象。良好的舞蹈构图可以使这些视觉元素得到更好的融合和发挥，从而使舞蹈作品在视觉层面上更具吸引力和艺术价值。舞蹈构图有助于提升舞蹈的表现力和创意。在舞蹈创作过程中，编导需要充分考虑动作与空间的关系，通过对舞蹈构图的精心设计，可以使舞者在舞台上展现出更加多样化的动作组合和表现形式。这样的创新不仅能够丰富舞蹈的艺术风格，还能够激发观众的想象力和审美兴趣。良好的舞蹈构图对于舞者的技巧和协作能力也有很高的要求。在舞蹈表演中，舞者需要精确地掌握动作的力度、速度和节奏，还要与舞台上的其他舞者保持良好的空间关系和默契。这些要求使得舞蹈构图成为检验舞者综合素质和团队协作精神的重要标准。

舞蹈的空间利用是一个关键因素，因为其不仅涉及舞者身体的运动，还包括空间的运用和表现。在编舞过程中，创作者需要充分考虑如何在舞台上有效地利用空间，以及如何通过舞蹈动作的布局与变化来创造出不同的视觉效果。这包括对舞者的位置、队形、舞台深度等方面的细致安排。编舞者可以采用多种方法来优化空间利用。首先，他们可以通过对称或非对称的队形来突出特定的舞蹈主题。对称的队形通常给人以和谐、平衡的感觉，而非对称的队形则可以创造出一种动态、活跃的氛围。通过巧妙地运用这两种队形，编舞者可以有效地传达舞蹈所要表达的情感和故事。

舞者在舞台上的移动行为，也是创造动态空间感的重要手段。编舞者可以通过设计不同的路径、速度和节奏，让舞者在舞台上产生丰富的视觉变化。比如他们可以安排舞者从舞台的一端迅速移动到另一端，以创造出一种强烈的空间流动感。同时，通过控制舞者之间的距离和互动，编舞者还可以增强舞蹈的空间层次感。舞台深度，也是一个不可忽视的因素。通过合理地运用舞台深度，编舞者可以创造出更为立体和丰富的视觉效果。他们可以让舞者在不同深度的位置上交替表演，从而使观众对舞台空间有更全面的认识。同时，通过运用光影、背景和道具等元素，编舞者还可以进一步丰富舞台空间的表现力。

舞蹈构图是舞蹈艺术创作中重要的一环，在舞蹈创作过程中，编舞者需要充分考虑到舞蹈动作的高低、大小、快慢等变化，这些元素共同构成了舞蹈的韵律和节奏。通过巧妙地运用这些变化，编舞者可以创造出丰富多彩的情感氛围，从而更好地传达舞蹈所要表达的情感和意境。比如在表现爱情主题的舞蹈中，编舞者可能会选择使用柔和、流畅的动作和紧凑的队形来展现恋人之间的亲密关系和温馨氛围。这时，舞蹈构图中的每一个细节都应该体现出爱情的温柔和美好，使观众能够沉浸在这种情感之中。同样的，在表现战争主题的舞蹈中，编舞者则可能会采用剧烈、分散的动作和队形来传达战场上的混乱和冲突。在这种情况下，舞蹈构图应该体现出战争的残酷和无情，让观众能够感受到战争带给人们的痛苦和悲哀。通过对舞蹈动作的精心设计和安排，编舞者可以成功地将战争主题融入舞蹈构图中，从而达到强烈的视觉和情感冲击。舞蹈构图还应该注重空间的利用和舞台效果的营造。在舞蹈中，空间不仅是舞蹈动作发生的场所，也是情感表达的重要元素。编舞者可以通过对舞蹈空间的巧妙运用，创造出富有层次和深度的舞台效果。比如在表现自然主题的舞蹈中，编舞者可以利用舞台空间的变化来模拟大自然的壮丽景色，使观众仿佛置身于山水之间，感受到大自然的神奇和美丽。

4. 舞蹈表情

舞蹈表情在舞蹈艺术中占据着至关重要的地位，其是舞者通过身体语言和面部表情传达情感和故事情节的关键途径。作为舞蹈艺术的“脸面”，舞蹈表情不仅展现了舞者对作品的理解和诠释，还能引导观众沉浸于舞蹈所呈现出的美妙世界。在舞蹈表演中，舞蹈表情与音乐、动作、服装和舞台效果等多种元素相结合，共同勾勒出一幅幅生动的画卷，为观众带来独特的艺术体验。舞蹈表情与音乐的结合是舞蹈表演中不可或缺的一环。音乐为舞蹈提供了情感基调，而舞蹈表情则将这种情感具象化，使观众能够直观地感受到作品所要传达的情感。舞者通过与音乐的默契配合，将内心的情感与身体动作相融合，使得舞蹈表情更加富有表现力和感染力。舞蹈表情与动作的结合是展现舞蹈艺术魅力的重要手段。每一个舞蹈动作都蕴含着丰富的情感信息，而舞蹈表情则是这些信息的传递者。舞者通过精确的动作和生动的表情，将舞蹈故事中的情感冲突和角色性格表现得淋漓尽致。这种高度的统一使得舞蹈作品更具艺术感染力，使观众在欣赏舞蹈的过程中产生共鸣。此外，舞蹈表情与服装和舞台效果的结合也是相得益彰的。服装的色彩、款式和质地等元素都能够影响舞者的表情表现，而舞台效果如灯光、布景等则为舞蹈表情提供了更为丰富的表现空间。通过这些元素的巧妙搭配，舞蹈表情能够更好地融入整个表演，为观众呈现出一个充满想象力和视觉冲击的艺术世界。

舞蹈表情作为一种重要的情感传达工具，在舞蹈艺术中扮演着至关重要的角色。舞蹈作品通常通过舞者的表情和情感来展现作品的主题和情感变化，使观众能够深刻体验到舞蹈所要传达的情感世界。舞者通过精湛的技艺，将内心的情感以各种形式表现出来，从而使舞蹈作品具有更强烈的感染力和艺术魅力。在舞蹈表演中，舞者的面部表情是传递情感的关键。一个微笑、一个皱眉、一个眼神都能表达出舞者内心的喜怒哀乐。舞者需要具备高度的表情控制能力，以便在不同的舞蹈场景中自如地切换表情，使得作品的情感层次更加丰富。此外，面部表情还能与其他舞蹈元素相结合，如音乐、灯光和服装等，共同营造出独特的舞台氛围。眼神交流在舞蹈表情中也占据了举足轻重的地位。舞者通过眼神与观众或其他舞者建立起情感的联系，使得情感传递更加直接和有效。在某些舞蹈作品中，舞者之间的眼神交流甚至成为推动剧情发展的重要手段，通过目光的交汇、传递和流转，展现出角色之间的爱恨情仇，为观众带来更为真实的观感体验。

舞蹈表情是舞蹈风格和流派的重要标志，其不仅展示了舞蹈作品的内在精神，还能使观众更好地理解和感受舞蹈所传递的情感。不同的舞蹈流派具有独特的表演风格，这些风格在舞者的表情上得到了充分的体现。因此，舞者在表演时需要根据不同的舞蹈风格来调整自己的表情和情感，以符合作品的整体风格，呈现出高度的专业性。举例来说，芭蕾舞作为一种古典舞蹈形式，强调高雅、端庄的表情和优美的线条。舞者在表演时需要保持面部的恬静与从容，展现一种超脱世俗的气质，从而彰显出芭蕾舞的独特韵味。而在现代舞中，情感的自由表达占据了核心地位。舞者可以通过丰富多变的表情来传达内心的情感波动，让观众感受到作品所要表达的主题思想。民间舞蹈作为另一种重要的舞蹈形式，其表情往往与地域文化息息相关。舞者在表演时需要充分了解各种民间舞蹈的背景和特点，以便更好地表现其风格。如中国古典舞强调“身韵”和“意境”，舞者需要通过表情与动作的协调统一来展现优美的意境；而拉丁舞则充满活力与激情，舞者需要展现出热情奔放的气息，以符合这一舞蹈种的特点。

舞蹈表情，作为舞者技巧和艺术修养的重要组成部分，是舞者在舞台上展现自己独特魅力的关键。它不仅仅局限于面部的简单动作，更是一种深入骨髓的艺术表达。这种表达要求舞者具备丰富的情感体验和高度的艺术感知能力，以真挚的情感和精湛的技艺来打动观众的心灵。为了达到这一境界，舞者需要通过长时间的训练和实践，不断提高自己的舞蹈表情技巧和情感控制能力。在这个过程中，舞者要学会如何将内心的情感与舞蹈动作和音乐节奏完美融合，从而使每一次演出都能呈现出独特的艺术风格。此外，舞者还须深入了解作品背后的文化内涵和创作意图，以便更好地传递作品的精神内核。良好的舞台意识对于舞者来说同样至关重要。他们需要具备敏锐的观察能力，能够根据舞台灯光、布景和其他演员的表演来调整自己的表情，以实现最佳的舞台效果。这需要舞者具备高度的自我意识和团队协作精神，能够在瞬息万变的舞台上迅速做出判断和调整，确保每一个细节都能达到最佳状态。在舞蹈表情的运用中，舞者还需要掌握一定的技巧，比如通过眼神、微笑、面部肌肉的微妙变化等来传达不同的情感，使观众能够感受到角色的喜怒哀乐。同时，舞者还应学会如何在动作与表情之间找到平衡，避免过度表现或表情生硬，以保持舞蹈的整体美感。

（三）舞蹈的类别

1. 艺术舞蹈

民间舞蹈作为一种古老且具有深厚文化底蕴的艺术形式，其源自各个地区的传统文化和民俗活动，生动地反映了人们的生活方式、习俗和信仰。这些舞蹈通常具有鲜明的地域性和民族性，它们的动作和节奏往往与当地的音乐、服饰和节日紧密相连，从而形成了独特的艺术风格。民间舞蹈是地域文化的重要载体。各地的地理环境、气候条件和历史背景都对民间舞蹈的形成和发展产生了深刻影响。比如山区的舞蹈往往注重脚步的灵活性和跳跃能力，以适应崎岖的地形；而草原地区的舞蹈则更注重身体的摆动和宽阔的动作，以展现游牧民族的豪放和奔放。这些舞蹈形式不仅体现了当地人与自然环境的和谐共生，还传达了他们对美好生活的向往和对自然的敬畏。民间舞蹈在传承民族文化方面具有不可替代的作用。许多民间舞蹈都承载着世代相传的故事和寓意，通过舞蹈的形式将民族历史、民间传说和宗教信仰传承下来。比如中国的龙舞象征着祥瑞和吉祥，印度的古典舞蹈则往往以印度教神话为背景，通过优美的舞姿展现神秘的宗教故事。这些舞蹈不仅为人们提供了一种娱乐方式，更成为民族文化传承的重要途径。民间舞蹈在艺术舞蹈领域具有极高的价值，为艺术舞蹈提供了丰富的表现形式和内涵，使得舞蹈艺术更加多元化和包容。民间舞蹈的动作、服饰和音乐元素都为艺术舞蹈创作提供了灵感来源，让舞蹈作品更具地域特色和民族风情。同时，民间舞蹈的传承和发扬也有助于提高人们对传统文化的认识和尊重，增强民族自豪感和文化自信。

古典舞蹈作为一种历史悠久且独具魅力的艺术形式，一直以其精湛的技巧、严谨的形式和规范的舞蹈动作受到广泛赞誉。这种舞蹈在动作、姿态和表现上都有着严格的要求，故舞者在舞台上展现出无与伦比的优雅与庄重。古典舞蹈强调线条的流畅和身体的控制，要求舞者的每一个动作都能够呈现出极致的美感与力量。在艺术舞蹈的领域中，古典舞蹈的重要性不言而喻，它不仅是舞蹈美学的塑造者，更是舞者技艺锻炼的基石。通过对古典舞蹈的学习与研究，舞者能够更好地理解舞蹈的内涵与精髓，从而进一步提升自己在舞蹈领域的专业素养。此外，古典舞蹈对于舞者的身体素质和协调能力要求极高，这使得舞者在学习过程中不断挑战自己的极限，从而更好地展现舞蹈的美感。古典舞蹈的优雅与庄重特点不仅仅体现在动作上，还体现在舞蹈所传达的情感与故事中。古典舞蹈作品往往具有丰富的情感层次和深刻的内涵，舞者通过精湛的技艺和细腻的表现力，将这些情感和故事生动地呈现给观众，这使得古典舞蹈成为一种极具感染力和震撼力的艺术表现形式，观众在欣赏过程中能够产生共鸣，从而更好地理解和领悟舞蹈所要传达的信息。

现代舞作为一种独特的舞蹈艺术形式，强调个性表达和情感传达的核心价值观使其在舞蹈领域中独树一帜。与古典舞蹈相比，现代舞打破了传统舞蹈的规范和限制，为舞者提供了更为自由和创新的表现空间。这种舞蹈形式不仅为舞者提供了展现个性的舞台，同时也为他们提供了表达内心情感的途径。现代舞蹈与当代社会、文化和思想紧密相连，是一种反映时代精神和个人情感的重要载体。通过与现实生活的紧密联系，现代舞蹈能够展现人们在不同历史时期、社会背景下的思考和感受。这种舞蹈形式通过不断探索和尝试，为观众呈现出一个个富有时代特色和独特个性的舞蹈作品。在艺术舞蹈领域，现代舞的价值在于它的创新精神和对传统舞蹈形式的拓展。现代舞蹈的创新不仅体现在舞蹈动作和技巧上，还表现在舞蹈的表现手法和创作理念上。这种创新精神使得现代舞蹈不断推动舞蹈艺术的发展和变革，为舞蹈艺术注入了新的活力。从舞蹈动作的创新来看，现代舞蹈摒弃了古典舞蹈中严格的技巧要求和动作规范，转而注重舞者身体语言的真实性和自然性。

2. 生活舞蹈

生活舞蹈，作为一种独特的艺术表现形式，其源于生活，高于生活。这种舞蹈类型将日常生活中的动作和行为进行艺术化、舞蹈化的提炼与创作，将平凡生活的点滴融入舞蹈艺术之中。生活舞蹈强调的是从日常生活中挖掘出具有舞蹈价值的元素，将生活场景转化为艺术创作的灵感源泉，从而为观众呈现出一种更加真实、贴近生活的舞蹈艺术。生活舞蹈的核心理念在于观察和体验生活，即将人们日常生活中的各种行为和动作转化为具有艺术价值的舞蹈元素。这种艺术形式不仅能够体现生活的真实性，还能展现舞蹈的多样性和创新性。通过对生活场景的深入挖掘，生活舞蹈不断地拓宽了舞蹈艺术的表现领域，为观众带来了全新的视觉体验和艺术享受。在生活舞蹈的创作过程中，舞者和编舞者需要具备敏锐的观察力和丰富的想象力，以便捕捉到生活中的精彩瞬间，并将其转化为具有艺术感染力的舞蹈表现。此外，生活舞蹈还强调与观众的互动与共鸣，使观众能够在舞蹈中找到与自己生活息息相关的元素，从而产生更强烈的情感共鸣。生活舞蹈不仅仅是一种艺术表现形式，它还具有很高的教育意义，如通过将日常生活中的动作和行为艺术化、舞蹈化，引导人们关注生活中的细节，提高审美情趣和生活品位。同时，生活舞蹈还能够激发人们的创造力和想象力，鼓励人们以更加积极、乐观的心态去面对生活中的种种挑战。

生活舞蹈作为一种独特的舞蹈形式，其核心特点在于真实性。这类舞蹈深入挖掘日常生活中的琐碎细节，通过舞蹈艺术的表现手法，将这些看似平凡的场景转化为充满魅力的艺术作品。生活舞蹈不仅仅是对现实生活中的行动和活动的再现，更是对人类情感和生活体验的一种深刻反映。生活舞蹈的另一个显著特点是其对现实生活的反映。通过观察和体验生活，舞者能够捕捉到生活中真实存在的细微情感和人际关系。这些情感和关系在舞蹈中得到体现，能够使观众在舞蹈中找到与自己生活息息相关的共鸣点。这种共鸣使得生活舞蹈成为一种极具感染力的艺术形式，能够触动人心，引发人们对生活和自我的思考。此外，生活舞蹈在表现手法上具有极高的灵活性。舞者可以根据不同的主题和场景，运用各种舞蹈技巧和风格来展现生活的真实面貌。这种多样性使得生活舞蹈能够跨越文化和年龄的界限，吸引广泛的观众群体。同时，生活舞蹈的创作和表演也为舞者提供了一个展示自己独特创意和才华的平台，舞蹈艺术也因此得到不断创新和发展。

（四）舞蹈的基本特点

舞蹈作为一种表现艺术，其造型性是相对重要的特征之一。通过舞者身体的姿态、线条和形态，舞蹈能够传达出丰富的情感，触动观众的心灵。在舞蹈表演中，舞者通过精确地控制身体的每一个部位，创造出具有强烈表现力的造型。这些造型不仅具有视觉冲击力，还展现了舞蹈艺术的美感。舞蹈的造型性不仅体现在个体舞者的技巧和表现力上，还需要整个舞蹈团队的默契配合。舞者之间的互动和协作能够营造出更为丰富多样的视觉效果，使得舞蹈作品层次更加丰富。此外，舞者还需与其他艺术元素如音乐、灯光、服装等相互融合，共同创造出视觉与听觉的盛宴。

动作性也是舞蹈的一个基本特点，其体现在舞者身体运动的连贯性、力度和速度上。舞者通过精确的动作控制和身体协调，展现出各种舞蹈风格的特点。比如古典芭蕾舞强调优雅的身姿和流畅的动作线条；现代舞则注重对情感的直接表达和身体的自由发挥。不同的舞蹈风格展现出动作性的不同侧面，为观众带来丰富的审美体验。在舞蹈表演中，动作组合和变化是传递复杂情感和故事情节的关键。舞者通过丰富的肢体语言和动作细节，将内心的情感和故事情节表现得淋漓尽致。比如一个简单的手势可能传达出温柔的爱意，而一个突然的跳跃则可能象征着激情和力量。这些动作元素相互交织，共同创造出一幅生动的舞蹈画卷。

节奏性是舞蹈不可或缺的元素，不仅体现在音乐的节拍上，还体现在舞者动作的快慢、强弱上。舞者通过对节奏的把握和运用，可以将内心的情感和故事通过肢体语言传达给观众。比如在一段快节奏的舞蹈中，舞者可能会通过快速的脚步和有力的动作来展示一种充满活力和激情的氛围；而在一段慢节奏的舞蹈中，舞者则可能通过缓慢的舞步和柔和的身姿来诠释一种柔美、宁静的情感。舞蹈中的节奏性，还可通过不同的舞蹈技巧来表现。有些舞蹈强调节奏的规律性，如芭蕾舞、现代舞等，它们通常要求舞者在固定的节奏框架内完成精确的动作；而有些舞蹈则注重即兴和自由发挥，如街舞、民间舞等，它们往往允许舞者在一定程度上根据音乐的变化和自身的感受来调整动作和节奏。这种多样性使得舞蹈更具吸引力和表现力，能够满足不同观众的审美需求。

五、融入红色文化的音乐舞蹈之美

（一）红色文化融入音乐舞蹈之美的精神内涵与时代价值

红色音乐文化作为一种独特的音乐文化，其在中国文化艺术发展中扮演着新型音乐文化的角色，同时也是马克思主义中国化过程中具有鲜明特色的现象。通过将中国近现代音乐中的红色元素与中国革命实践紧密结合，红色音乐文化以充满活力的旋律展现中国人民的理想、信仰和追求。红色音乐通过各种艺术形式，如歌曲、歌剧、器乐和舞蹈，记录了中国在不同历史时期的辉煌成就，其艺术特点包括包容性、革命性、时代性和功能性，体现了深刻的精神内涵和价值意义。红色音乐文化是中华民族精神谱系载体，是中国特色先进文化的重要组成，更是中国人民最珍贵的精神财富及凝聚中华儿女的精神纽带。在中国共产党的领导下，红色音乐文化通过革命音乐活动创作、演出和广泛传播，成为音乐艺术的精品，记录了中国人民在各个历史时期的伟大革命实践，不断向当代年轻人传递过往革命发展中沉淀的百年奋斗精神。回首百年，中国人民以建党精神为源泉，通过浴血奋战和顽强奋斗，用生命和坚持书写时代的华章，构建了中华民族的精神谱系。红色音乐以其音乐语言深情地讲述着中国故事，从《义勇军进行曲》到《走向复兴》，从《东方红》到《不忘初心》，红色音乐以其雄浑壮阔的音乐语言感染着人民，创作了一首首传唱不息、融入血脉的永恒旋律。同时，其还通过优美壮丽的乐章向世界展示中国形象和声音。

红色音乐文化，作为具有深厚历史底蕴和鲜明时代特色、富有丰富精神内涵的优秀文化，是中国共产党人的伟大创造和精神支柱。它无处不在地拓展了高校美育的育人途径和精神力量。在新时代背景下，美育作为培根铸魂的教育，传承红色文化、赓续红色血脉是高校美育工作的重要组成部分。近年来，我国对美育工作的高度重视，使得部分高校在探索实践中形成了具有各自特色的美育教育模式，并取得了显著成果。然而，在新时期美育工作的要求下，高校美育工作仍面临着课程内容不明确、课程设置不完善、育人形式单一、专业师资缺乏以及学生学习态度多变等困境和不足。美育是高校教学目标的关键内容，教师作为设计者，学生作为参与者，双方对美育工作的重视和配合程度将直接影响美育效果的实现。因此，充分利用红色音乐文化资源，将其融入高校美育课程体系建设，引导学生感受优秀文化的精神力量，变得尤为重要。红色音乐文化所蕴含的崇高革命精神和深厚文化底蕴，对高校美育的高质量发展具有重要的时代价值。

（二）红色经典音乐舞蹈作品之美

在新的时代背景下，红色音乐文化作为一种独特的艺术形式，不仅使民族精神得到进一步升华，而且以其崇高的理想、坚定的信仰，形成了独具特色的价值观念和文化形态。① 这种文化形态展现了独特的艺术之美，为我们提供了丰富的精神滋养和审美体验。《黄河大合唱》《八月桂花香》和《红色娘子军》等红色经典音乐作品，以其深刻的历史内涵和鲜明的民族特色，成为我们民族精神的象征。这些作品不仅让我们感受到战争年代人民的英勇斗争和对美好生活的向往，同时也传达了一种坚定的信仰和崇高的理想。

《黄河大合唱》以其磅礴的气势和激昂的旋律，展现了中华民族在艰苦斗争中凝聚起的磅礴力量。这部作品通过描绘黄河的壮美景观，表现出人民对民族解放事业的坚定信念和对新中国的热切期盼。在这里，音乐成为传递民族精神的载体，激发了人们对未来的无限憧憬。

《八月桂花香》以其优美的旋律和抒情的歌词，传达了对革命烈士的敬仰和对美好生活的向往。这首歌曲通过对桂花的赞美，寓意着革命烈士的崇高品质，以及他们为民族独立和人民幸福所付出的巨大牺牲。在这部作品中，音乐成为一种情感的表达，让人们在歌声中感受到革命精神的力量。

《红色娘子军》以铿锵有力的节奏和鲜明的民族风格，展现了女性在革命斗争中的英勇形象。这部作品通过讲述红色娘子军的故事，展示了女性在民族解放事业中的坚定信念和无畏精神。在这里，音乐成为一种鼓舞人心的力量，激发了人们对正义事业的信仰和对美好生活的追求。

1. 《黄河大合唱》

《黄河大合唱》是冼星海倾注心血创作的音乐巨著，这部作品凝聚了他对中华民族解放运动的崇高敬意。自诞生之初，它就被认为是一部展现民族精神和抗争意志的音乐史诗。郭沫若在为该作品作序时，称赞《黄河大合唱》是抗战时期最成功的新型歌曲，其音节雄壮而富有变化，使得歌词中充满情感的词句如同风暴中的巨浪，震撼人心。这部作品的独创性在于其前卫的创作技法和宏伟的规模，展现了英勇无畏的英雄气概。冼星海曾表示，他早就有意向将《黄河大合唱》改编成五线谱，并借助交响乐队的伴奏。1941 年春，他成功地实现了这一设想。这种国际化的配器方式，让更多的国际友人能够欣赏和演绎这部作品，体现了民族形式与进步技巧的完美融合。在延安演出时，《黄河大合唱》的合唱队规模从 100 人扩大到了 500 人，而 20 余人组成的乐队则主要使用中国乐器。这样的演出安排可使声音传播得更远，吸引更多的观众。从冼星海和郭沫若的言论中，我们可以看到，《黄河大合唱》具备了许多创新之处。首先，这首红色歌曲打破了传统音乐的格局，采用了大胆的音乐语言和表现手法。其次，它成功地将民族音乐与西方交响乐队结合，为中华民族音乐的发展开辟了新的道路。最后，这部作品具有强烈的爱国主义情感，激发了人们对民族解放事业的热情和信念。

---

① 杜新平．红色经典音乐文化在高校公选课思政育人研究——以《黄河大合唱》为例［J］．艺术评鉴，2021（22）：3.

《黄河大合唱》第三乐章《黄河之水天上来》大胆采用配乐诗朗诵的表现形式，并且用中国的传统乐器三弦伴奏。这种结合音乐与诗歌的表现形式在大合唱中尚属首次尝试，展现了创作者对传统艺术的创新与尊重。朗诵诗的气魄宏大，生动地再现了民族的苦难历程，被誉为一部具有深刻内涵的“黄河史诗”。在20世纪三四十年代，能够创作出这样一部具有创新性的音乐作品，充分展示了当时中国音乐界的探索精神。从创作手法上来看，《黄河大合唱》的音乐素材主要来源于中国民间音调，同时融入了西方的创作技法，实现了西洋技法与民族音乐的完美融合。比如第一乐章采用了黄河号子的音调，并以四部合唱的形式呈现；第五乐章《河边对口唱》则以山西及陕北地区的民间音乐为基础，通过富有特色的说唱形式展开；第七乐章《保卫黄河》则选用了河北民歌《调兵调》作为基本素材，同时借鉴了民间打击乐的节奏特点和群众歌曲的表现手法。在旋律方面，《黄河大合唱》运用了重复、摸进、节奏紧缩、音移扩充等手法，营造出紧张有力的氛围，层层递进地将音乐推向高潮。特别是在三部、四部轮唱中，为了避免声部的重复，每个声部巧妙地运用了民歌中常用的衬句“龙格龙格龙”作为过门，以渲染情感，使整个轮唱曲充满活力，生动地展现了人民群众的斗志昂扬。

2.《八月桂花香》

《八月桂花遍地开》这首脍炙人口的革命歌曲，在中国历史长河中具有重要地位。其不仅广为流传，更是在大别山地区成为一种精神象征，激发着人们为理想和信仰而奋斗。《八月桂花遍地开》的歌曲旋律优美，歌词饱含深情，表达了人民对红军的敬仰和对革命事业的执着追求。这首歌曲在大别山地区唱响时，其响亮的号角声象征着红军的足迹，更为坚定地指引着人们向前。它不仅是一首表达革命激情的歌曲，更是一首充满希望和信念的赞美诗。

在大别山地区，这首歌曲成为当地人民的精神支柱，激发着他们投身于革命事业，为争取民族解放和国家富强而努力奋斗。每当人们在艰苦的环境下唱起这首歌，他们的心灵都会得到慰藉，信念也会更加坚定。这首歌曲不仅仅是一种艺术形式，更是一种强大的精神力量，影响着一代又一代的中国人民。随着时间的推移，《八月桂花遍地开》这首歌曲已经成为中国革命文化的一部分，被越来越多的人传唱和传颂。它见证了中国人民在革命历程中所付出的努力和牺牲，也提醒着我们要珍惜来之不易的和平与繁荣。

《八月桂花遍地开》最突出的艺术特征表现为质朴、鲜明和形象。质朴性是这首歌曲广泛流传于人民群众之间的重要艺术特质。在革命歌曲中，这种质朴性表现得尤为明显。红色歌曲通常直接表达情感，传递深刻感人的力量，从而折射出艺术的光辉，这种质朴性不仅展示了苏区军民艰苦朴素的生活作风，而且也体现了他们与良好的口头文学传统相融合的特点，鲜明性是这首歌曲的另一个重要特征。[①] 革命现实主义使得

---

① 李娜．浅析红色歌曲《八月桂花遍地开》的艺术特征［J］．音乐时空，2014（20）：1.

作品具有鲜明的表达。红色歌曲朗朗上口的歌词和明快的节奏表现出强烈的爱憎分明，坚定立场，这些特征将红色歌曲与普通民歌区别开来。形象性是《八月桂花遍地开》的第三个显著特征。红色歌曲通过具体的事物来反映人民群众的社会生活和革命斗争的主要内容，这使得红色歌曲的表现更加生动、具体，从而更容易为人们所理解和接受。形象性的艺术特征不仅让红色歌曲的传唱更加广泛，而且使其具有更高的艺术价值。

3.《红色娘子军》

中国经典革命题材芭蕾舞剧《红色娘子军》以革命为主题，传承了中华儿女艰苦的红色记忆。[①] 编导通过对战火纷飞的现实生活的精心艺术加工与升华，创作出了这部在国内外舞台上广受赞誉的芭蕾舞剧。《红色娘子军》在中国乃至世界舞台上稳稳地占据一席之地，成为中国芭蕾在民族化道路上的一次成功探索。

在《红色娘子军》的动作语汇中，编导巧妙地将大量芭蕾动作进行变形，融合了中国古典舞、中国武术以及从战斗生活中提炼出的新的舞蹈元素。这种创新的手法展现了中国文化的多样性，彰显出艺术之美。通过运用智慧，编导在西方芭蕾的形式下成功地注入了中国的革命元素，用艺术的手段融合不同的文化，使得这部作品具有独特的魅力。

在古典芭蕾中，为了表现浪漫、虚无、飘逸与梦幻，演员的上半身动作通常较为柔软。然而，这种柔美表现手法并不能展现革命斗士的坚定斗志。因此，在《红色娘子军》中，演员的上半身需要更加挺拔，以凸显刚毅与力量。同时，手部姿态也由古典芭蕾手势改为中国古典舞的掌形手，使舞姿在保留气枪、步枪、大刀等武器特征的同时，又具有 Arabesque 的结构特点。在“九人刀舞”这一舞段中，编导汲取了京剧武术中的“正步”“金鸡独立”“跑圆场”等动作元素，将它们融入芭蕾舞的编排中。此外，在队形设计上，编导还借鉴了民间舞蹈的“龙摆尾”，以凸显场面效果，使整部作品更具视觉冲击力。

《红色娘子军》全剧始终贯穿着对人物细节的塑造。从吴琼花到洪常青，从南霸天到老四，从主要演员到群众舞演员，从英雄人物到反面角色，每位舞蹈演员都对人物细节的塑造非常到位，体现了他们对艺术的执着和认真。

第二代琼花的扮演者薛菁华老师，出生于江南，长相清秀。为了更好地塑造琼花的形象，薛老师在演出之前会化上刀眉，在演出过程中会在嘴里含两瓣苹果，演出服内也会套一件毛衣。这些细节的添加使得整个人物显得更加立体、饱满和健壮，更加贴切农村姑娘的形象。

与西方芭蕾柔美的文化格调不同，《红色娘子军》体现的是革命美学，集体主义时代下所追求的是健硕的体格和身躯。革命需要的是一种强壮的力量，而吴琼花作为全

① 王晨露．课程思政融入舞蹈鉴赏的探讨——以革命题材芭蕾舞剧《红色娘子军》为例［J］．教育教学论坛，2021（22）：4.

剧核心人物，应该避免西方芭蕾意识形态下无力缥缈的身体形象，而应凸显挺立的身姿与健硕的体格，进而体现出一名女战士应该具备的革命性。艺术家们在人物处理上细化到每一个眼神、每一种面部情绪、每一个神态，完美地塑造了人物形象，以期通过人物形象的塑造，传递出革命精神与革命斗志。在这个过程中，观众能够在人物的表情中读到倔强、不屈与坚持等情感。

《红色娘子军》是一部富有革命精神和斗志的舞剧作品。剧中可看到许多反映革命精神的桥段，这些桥段通过舞剧的形式展现了历史，体现了人民在抗争中不屈的精神。在欣赏这部舞剧时，观众常常会感受到热血沸腾的情感。

如在“琼花逃跑”的舞段中可看到阶级斗争与革命形态的体现。在传统的西方芭蕾舞剧中，男女演员的大双人舞是一个重要的表现形式，其中托举技术是核心技巧。男演员将女演员托举至半空中，或成为女演员完成高难度技巧动作的依靠，通过这种方式推进情节发展，表现浪漫爱情或升华为情感悲剧。在《红色娘子军》的“琼花逃跑”舞段中，男女演员之间的互动更多地体现在力量的博弈上。女演员的支撑动作发生于对峙的造型中，这不仅展示了她在面对压迫时的坚定和勇敢，还表现出了不屈的革命斗志。这种表现形式突破了传统芭蕾的表现手法，为观众呈现了一种全新的视觉体验。《红色娘子军》的其他舞段也充满了革命精神：比如在“娘子军练兵”场景中，舞者们通过整齐划一的动作，展现了团结一致、共同抗敌的决心；而在“夜袭敌营”舞段中，娘子军们巧妙地利用地形和夜色，展现出智慧和勇敢，最终取得了战斗的胜利。

六、大别山红色音乐作品的音乐美

（一）大别山红色歌谣

大别山红色歌谣作为大别山红色文化的重要组成部分，一直是学界研究的重要课题。近年来，学者们从不同的角度对大别山红色歌谣进行了深入的探讨和研究，为理解和认识大别山红色歌谣提供了宝贵的思想资源。从文献传承的角度来看，大别山红色歌谣的收集和整理是一项重要的工作。学者们通过深入挖掘和整理，对大别山红色歌谣的传承和发展进行了系统的梳理和总结，为保护和传承这一宝贵的文化遗产作出了重要贡献。从历史的角度来看，大别山红色歌谣具有重要的革命功能和革命价值。学者们通过深入分析和研究，揭示了大别山红色歌谣在革命斗争中发挥的重要作用，以及其在激发革命斗志、鼓舞革命士气、凝聚革命力量等方面的重要作用。从思想政治教育的角度来看，大别山红色歌谣具有重要的育人价值。学者们通过深入探讨和分析，揭示了大别山红色歌谣在思想政治教育中的独特作用，以及其在培养革命精神、传承革命传统、弘扬革命文化等方面的重要作用。

革命性是大别山红色歌谣的本质特征，其不仅是团结人民、教育人民、打击敌人、消灭敌人的有力武器，[①] 更是中国团结带领人民在创造新民主主义革命伟大成就的过程中，用音乐作为革命的手段来宣传革命理想、展现革命目标、提出革命纪律，以此来发动群众，鼓舞人心的载体。在大别山血与火的革命斗争中诞生的红色歌谣，诠释了信念如炬的革命决心，顽强斗争的革命意志，是中国人民革命生活的真实写照。

大别山革命歌谣蕴藏着人民远大的革命理想、强烈的革命愿望。巍巍大别山，是马克思主义在中国传播最早的地区之一，是土地革命时期中国领导武装斗争的主要区域之一。《青年一致要革命》《革命潮流高潮起》等歌谣见证了革命的热血与烽烟，它们唱出了人民砸碎万恶旧世界的革命心声，表现了青年推翻反动统治，创建平等自由的新社会，为实现理想而不懈奋斗的革命决心。《青年一致要革命》唱出了人民的心声："青年一致要革命，打破旧世界，创造新社会……"而《革命潮流高潮起》则鼓舞着革命人民合起来，奋勇前进："革命潮流高潮起，工农兵士大联合。"这些歌谣有力地宣传了革命思想，歌颂了军民团结一致、视死如归的革命精神。它们不仅是革命的号角，更是人民的心声，是革命精神的传承，是历史的见证，是人民的力量。通过这些歌谣，我们可以感受到那个时代人民的热血与激情，感受到革命精神的力量，感受到革命理想的崇高。

大别山革命歌谣不仅是历史的见证，更是人民的力量。它们是革命的号角，是人民的心声，是革命精神的传承。它们激励着我们为实现革命理想而不懈奋斗，为创造一个平等自由的新社会而努力。这些歌谣是我们的宝贵财富，是我们的精神食粮，是我们的力量源泉。我们要继承和发扬革命精神，为实现中华民族伟大复兴的中国梦而努力奋斗。革命歌谣的力量并不仅仅局限于那个时代，它们依然具有深刻的现实意义，为我们提供丰富的历史经验和精神财富。在当今世界，虽然形式和内容发生了变化，但革命精神的核心——坚定的信念、顽强的意志、团结的力量、人民的主体地位——仍然具有普遍的指导意义。我们应该从这些歌谣中汲取力量，继承和发扬革命精神，为实现中华民族伟大复兴的中国梦而不懈努力。革命歌谣的创作和传播是一个不断发展和创新的过程。在新的历史条件下，我们应该结合时代特点和社会实际，不断探索和创新革命歌谣的创作和传播方式，使其更好地服务于人民，更好地发挥其在团结人民、教育人民、打击敌人、消灭敌人中的作用。

大别山红色歌谣，诞生于战火和硝烟之中，是大别山精神的重要载体，具有穿越时空的生命力和渗透力。学唱、演唱、欣赏大别山红色歌谣，有助于唤起人们对大别山革命斗争历史的深切记忆，接受大别山精神的洗礼，汲取奋勇前行的力量。在同心共筑中国梦的伟大征途中，加强红色资源的保护和传承，深化大别山红色歌谣的征集、整理和研究工作，挖掘大别山红色歌谣的当代价值，丰富大别山红色歌谣的传播渠道，培育和践行社会主义核心价值观，提高人们的思想水平和精神境界，具有重要的现实

---

① 张晓，韦泽．大别山红色歌谣的特征、功能与时代价值［J］．池州学院学报，2023，37（2）：114－117.

意义和深远的历史意义。

这不仅是对大别山革命历史的尊重和传承，也是对大别山精神的弘扬和发扬。在加强红色资源的保护和传承上，我们应重视大别山红色歌谣的征集、整理和研究工作，深入挖掘大别山红色歌谣的文化内涵和精神价值，传承红色基因，弘扬革命精神。同时，我们应丰富大别山红色歌谣的传播渠道，利用现代信息技术手段，创新传播方式，让大别山红色歌谣走进千家万户，走进人们的心中。

（二）大别山声乐套曲——《大别山抒怀》

《大别山抒怀》不仅是一部典型的声乐套曲，更是一段历史与情感的交响。这个包含 6 首歌曲的套曲，以其深厚的文化底蕴和激昂的音乐风格，为我们描绘了一个壮丽的大别山形象。尤其是套曲中的《再见了，大别山》，这首歌曲以其男高音的激昂与婉转，成为人们心中不朽的经典。虽然《大别山抒怀》可能并不如《再见了，大别山》那样家喻户晓，但当我们提起这两部作品时，都有一个共同的关键词——大别山。这个名字，不仅代表了曾经俯视过“淮海战役”的英雄之山，更是承载着无数红色记忆的山。它让我们的思绪穿越时空，回到了那段充满热血与激情的岁月。通过对声乐套曲《大别山抒怀》的创作和传播过程的深入探索，人们可以发现这部作品在重构大别山红色记忆方面的艺术手法和独特魅力，其不仅仅是一部音乐作品，更是一部历史的作品，一部情感的作品，一部艺术的作品。

《大别山抒怀》是一部由王和泉创作，雷远生作曲的声乐套曲。王和泉，祖籍安徽合肥，是国家一级编剧和资深词作家，从 1968 年开始创作歌词，其创作的歌词至今已有一千多首。这部声乐套曲的创作过程，实际上是一次重构红色革命记忆的独特旅程。《大别山抒怀》的创作历时 1 年，从 1981 年 6 月至 1982 年 5 月逐渐成形。在这漫长的创作过程中，王和泉深入到大别山地区，深入到人民中去，聆听当地的民歌和故事，从中汲取灵感。这部套曲共有 6 首歌曲，其中《再见了，大别山》是最后一首，也是最为著名的一首。《大别山抒怀》的歌词充满了对大别山的深深热爱和怀念，同时也表达了对革命烈士的崇敬和缅怀。歌曲的旋律优美动听，充满了大别山的壮美和悲壮，给人一种强烈的视听震撼。王和泉的创作，不仅展现了他对音乐的热爱和才华，也展现了他对革命历史和人民的深厚感情。他的作品，不仅在中国音乐史上留下了浓墨重彩的一笔，也为后人留下了宝贵的精神财富。

《大别山抒怀》是一首以大别山革命历史为题材的歌曲，也是老一辈革命家的集体心声。他们希望通过这首歌曲，让更多后辈了解和缅怀那段火红的革命历史，传承大别山的红军精神。在创作过程中，词曲作者深入大别山地区的“老地方”，以局外人的角度重温了那段红色革命历史，重构了那段红色记忆。这首歌曲的创作，不仅仅是一次艺术创作的过程，更是一次革命精神的传承和交接。年轻的词曲作者从老一辈手中接过革命的火种，赓续革命之记忆，将红军精神和革命历史传承下去。在作品题材、体裁和形式上，《大别山抒怀》具有一定的标杆意义，它不仅传承了红军精神，也以音乐的形式，向世人展示了大别山革命历史的伟大和壮烈。同时，它也传达了老一辈革命家对后辈的期望和教诲，希望他们能够铭记历史，传承革命精神，为实现中华民族伟大复兴的中国梦而奋斗。

大别山地区位于湖北省、河南省和安徽省的交界处，是一个跨越20多个县的大型跨区域自然地标和人文标识。该地区的自然景观和人文风情独树一帜，具有鲜明的地域特色和文化内涵。特别是音乐文化，更是大别山地区的一个重要特征。在大别山地区，安徽和河南的音乐文化元素被广泛采用，形成了具有跨地域文化认同的曲调。安徽和河南的音乐文化元素相互融合，共同形成了大别山音乐文化的独特魅力。这种跨地域的音乐文化认同，不仅加强了安徽和河南之间的文化联系，也为大别山地区的文化传承和发展提供了有力支持。在大别山音乐文化中，豫剧的腔调是最有特色的一部分。豫剧是河南省的一种地方戏曲，其以独特的音乐风格和表演艺术著称。豫剧的不断流传和发展，为大别山音乐文化注入了源源不断的新鲜血液。豫剧的腔调被广泛采用，成为大别山音乐文化中不可或缺的一部分。

这首歌的创作定位具有非常明显的军旅歌曲特征，这与徐向前元帅发起的倡议——希望部队的战士们可以唱一唱大别山，来学习大别山的红军精神，可以创造出一首像《长征组歌》那样的作品来——密切相关。因此，在作品写成之后，王和泉在发行黑胶唱片和盒式磁带的基础上，紧接着拍摄了《将军的摇篮——大别山抒怀》音乐电视剧，以此完整展示这首声乐套曲的风采。在这部剧中，扮演将军的演员和首唱者选择了具有军旅背景的男高音民族歌唱家吴雁泽先生。吴雁泽先生是20世纪50年代涌现的第一批民族歌唱家之一，也是中国民族声乐艺术史上一位具有代表性的德艺双馨的高音歌唱家。他的演唱字正腔圆、韵味浓郁，不仅展现了新时期中国民族男高音声乐艺术的最高成就，也把民族唱法带入了高雅艺术的殿堂。①

吴雁泽先生的演唱，将这首声乐套曲的精髓和内涵展现得淋漓尽致。他的嗓音高亢激昂，充满了力量和激情，完美地诠释了大别山红军精神的内涵。同时，他的演唱也展现了中国民族声乐艺术的独特魅力和深厚底蕴。除了吴雁泽先生的精彩演唱，这部剧还通过精心编排的舞蹈，生动地再现了大别山地区的风土人情和革命历史。通过音乐和视觉的完美结合，这部剧不仅让观众享受到了一场视听盛宴，也深刻地传达了大别山红军精神的时代价值和历史意义。

本章小结

本章深入探讨了音乐舞蹈之美，从音乐美的概述到声乐美、器乐美，再到舞蹈美，以及如何将红色文化融入音乐之美。在音乐美分析中，本章分析了音乐美的基本概念、特点和表现形式，而后分别对声乐美和器乐美进行了详细的阐述，探讨了其各自的魅力和审美价值。

---

① 贾双辉．试论中国民族男高音的抒情性演唱特色［J］．星海音乐学院学报，2019（2）：8.

在舞蹈美分析中，本章分析了舞蹈的概念、特色、类别，详细说明舞蹈如何通过身体语言、动作和表情来传达情感和故事。此外，本章还着重探讨了红色文化与音乐的结合，特别是红色文化融入音乐之美的精神内涵与时代价值，以及红色经典音乐作品的美学特征。

基于本章知识的学习，大家可更加深刻地理解音乐舞蹈之美的丰富内涵和多样性。音乐和舞蹈作为两种重要的艺术形式，不仅能够给人们带来美的享受，还能够传承文化、弘扬时代精神。红色文化的融入使得音乐作品更具历史意义和教育价值，同时也为艺术创作提供了新的灵感。希望本章的内容能够帮助大家更好地欣赏和理解音乐舞蹈之美，进一步丰富我们的精神世界。

章节测试

1. 音乐美的基本特征有哪些？请简要描述。
2. 请简述声乐美和器乐美的主要区别，并列出各自的一个代表作品。
3. 舞蹈美在传达情感和故事方面有哪些独特的表现手法？
4. 红色文化融入音乐之美的精神内涵主要包括哪些方面？
5. 请列举一首红色经典音乐作品，并简述其美学特征和创作背景。

案例分析

《红色娘子军》赏析

观赏并总结《红色娘子军》在音乐和舞蹈方面的艺术成就，以及其在弘扬红色文化和传承时代精神方面的重要意义。

实践活动

组织参与者聆听红色经典音乐作品《黄河大合唱》，引导大家分享自己的感受和理解。

第七章 文学之美

学习目标

通过本章的学习，尝试理解诗歌的美学特质，包括《诗经》、唐诗、宋词、元曲等不同文体的诗歌之美；了解小说的美学特点，包括小说的叙事结构、人物塑造、情节设计等；掌握戏剧的美学规律，包括戏剧的类型、表现形式、舞台艺术等；认识影视的美学特征，包括影视的拍摄手法、剪辑艺术、视觉冲击等；了解红色文化的文学之美，包括红色文学的类型、红色诗词的创作特点和美学价值等；培养文学鉴赏和审美能力，能够对不同历史时期和文体的文学作品进行分析和评价；认识文学作品与时代、社会的关联，理解文学作品在传承文化、反映社会现实方面的重要作用；提高学习者文学素养和人文修养，通过学习文学作品，了解人类文明的瑰宝，增强文化自信和文化认同。

一、诗歌美

（一）《诗经》美

《诗经》是中国最早的一部诗歌总集，同时也是世界上最早的诗歌总集之一。这部珍贵的文化遗产汇集了自西周初年至春秋中叶，大约五百年间的诗歌作品。它不仅反映了当时社会的风貌和人民的生活，而且对后世文学创作产生了深远的影响。

《诗经》中的“风”指的是各地的民歌，共计收录了十五个地区的风土人情和民间生活写照。这十五个“风”分别来自不同地域，展现了各个地方独特的文化特色和历史背景。这些诗歌朴实自然的语言表达、真挚的情感抒发和生动的场景描绘，成为《诗经》中最具生活气息和艺术魅力的部分。这些风土民歌不仅反映了当时普通百姓的生活状态，如农耕、狩猎、渔捞等劳动场景，还展示了他们的情感表达，如对亲情、友情和爱情的珍视与追求。同时，这些诗歌也揭示了社会风俗及其演变，如婚姻制度、节庆活动、宗教信仰等。通过这些诗歌，我们可以窥见古代中国社会的多样性和丰富性。

“风”部分展示了丰富的诗歌形式和风格，这些诗歌采用了多种诗歌形式，如四言诗、六言诗等，以及不同的修辞手法，如对仗、排比等。这些丰富的形式和风格使得诗歌更加生动、形象和具有艺术感染力。四言诗和六言诗的运用为《诗经》的“风”部分创作提供了多样化的表达方式。四言诗以其简洁明了的特点，使得诗歌在传达情感和意境时更加直接有力；而六言诗则以其较为宽松的形式，为诗人提供了更多的空间来描绘细腻的情感和景物。这种多样化的诗歌形式使得《诗经》的“风”部分在表现力上具有更高的灵活性和丰富性。修辞手法的运用也是《诗经》“风”部分的一大特色。对仗和排比等修辞手法的巧妙运用，增强了诗歌的节奏感和美感。通过对仗的形式，诗人将相应的字词进行对应，使得诗句在音韵和意义上形成和谐的统一；而排比手法则通过重复相似的句式结构，强调诗歌的主题和情感。这些修辞手法的运用不仅丰富了诗歌的表现形式，还使得诗歌更具艺术感染力。《诗经》的“风”部分在内容上也呈现出多样化的特点。诗歌涉及爱情、婚姻、劳动、战争等多个方面，展现了当时社会的风俗风情。这些诗歌以其真挚的情感和生动的描绘，使得读者能够深入了解古人的生活状态和思想观念，从而产生共鸣。

《诗经》独特的地域特色和风格，展现了古代各个地区的风土人情。通过对“风”的研究，可发现北方的诗歌风格豪放奔放，而南方的诗歌则婉约柔美。这种地域性差异的形成，既与各地区的自然环境、民族风俗密切相关，也受到历史时期和文化传承的影响。在北方，由于地理环境较为恶劣，气候寒冷，人们生活在较为艰苦的条件下，因此诗歌中表现出一种勇猛、刚烈的精神特质。北方诗歌中的豪放之气，反映了北方人民在艰苦环境中磨炼出的坚强意志和勇敢精神。与此同时，北方地区的民族交流和融合也十分活跃，不同民族间的文化交流为诗歌创作提供了丰富的素材。相比之下，南方地区的气候温和，自然资源丰富，人们的生活相对安定。因此，南方诗歌中多有描绘山水田园、抒发离愁别绪的内容。南方诗风的婉约之美，既体现了南方人民对美好生活的向往和追求，也反映了文人墨客对江南水乡的独特审美情趣。《诗经》中各个地区的诗歌不仅展现了地域特色，还反映了古代中国不同地区之间的文化交流和融合。这种文化交融不仅促进了各地区文化的共同发展，也为研究古代中国的民族关系和地域文化提供了珍贵的资料。通过对《诗经》中“风”的研究，我们可以更好地理解古代中国的地域多样性，以及各地区文化在历史长河中的传承与发展。

通过研究古代中国的风土民情，不仅能够深入了解当时的社会风俗，如婚姻、丧葬、节庆等各种生活场景，还能从中发现一些有关道德观念的线索，如忠诚、孝顺、仁爱等。这些诗歌以其独特的艺术形式和丰富的内涵，为我们研究古代中国社会的道德观念提供了宝贵的资料。风土民歌作为一种民间艺术形式，其源于生活，贴近民众，因此能够真实地反映出当时社会的风俗习惯。通过这些诗歌，我们可以窥见古代婚姻仪式的庄重、家庭生活的甜蜜以及丧葬仪式的哀婉。此外，节庆活动中的欢歌笑语、丰收的喜悦以及民间信仰的虔诚，都在这些诗歌中得到了生动的描绘。风土民歌还歌颂英勇忠诚的将领、尊敬孝顺的子女以及关爱亲人的邻里，传达了古代社会对道德品质的重视和推崇。

《诗经》中的“风”诗是最具代表性和审美价值的部分，这些诗歌以其优美的诗句、生动的描绘和深刻的内涵，成为千古传颂的佳作，展现了古代汉族劳动人民的智慧和情感。从审美价值的角度来看，《诗经》中的“风”诗以其简洁明快的语言、优美的意境和富有哲理的内涵，给人留下了深刻的印象。这些诗句通过描绘自然景观、动植物以及人们的日常生活，展现了一幅幅生动的古代社会画卷。比如诗中常见的“采薇”“蒹葭”等意象，既具有鲜明的视觉效果，又富有深刻的寓意，使得诗歌具有很高的艺术价值。从历史意义上来说，《诗经》的“风”诗为我们了解古代中国的历史风貌、社会制度和民间生活提供了宝贵的资料。通过对这些诗歌的研究，我们可以窥见当时的政治、经济、文化、宗教等方面的发展状况。比如诗中对于封建制度的描绘，反映了当时社会的等级制度和家族观念；而对于农民耕作、狩猎等劳动场景的描述，则展示了古代劳动人民的生活状态和精神风貌。《诗经》的“风”诗以其独特的艺术形式和表现手法，对后世文学创作产生了深远的影响。许多后世诗人都在这些诗歌的基础上，发展出了新的文学风格和流派。同时，《诗经》的“风”诗也为现代文学创作提供了丰富的素材和灵感，使得古代诗歌的魅力得以传承和发扬。

（二）唐诗美

唐诗指的是中国唐朝时期（618—907）的诗歌作品。唐朝作为中国历史上一个繁荣昌盛的朝代，文学艺术取得了空前的发展，尤其是诗歌创作达到了前所未有的高峰。这一时期的诗人如李白、杜甫、王维、白居易等，都以卓越的才华和独特的个性，创作了大量传世之作，为后世留下了丰富的文化遗产。唐诗的内容丰富多样，涵盖了政治、历史、哲学、风土人情等方面，反映了唐朝社会的各种面貌。诗人通过对自然景色的描绘、对人生哲理的思考以及对社会现实的关注，展现了他们的才华和对生活的热爱。唐诗以其精湛的技巧和高度的艺术成就，对后世产生了深远的影响。唐诗的艺术形式多样，既有五言、七言、绝句、律诗等传统诗歌形式，也有歌行等新兴体裁。这些诗歌形式的多样化，为诗人提供了广阔的创作空间，使他们能够更好地表达自己的思想情感。唐诗的语言优美，富有音韵美和节奏感，具有很高的审美价值和艺术魅力。在唐诗的创作过程中，诗人注重对传统的继承与发扬，同时也不断创新。他们在诗歌创作中融入了个人的情感和体验，丰富了诗歌的内涵。此外，唐诗还具有强烈的现实主义精神，诗人关注社会现实，关心民生疾苦，通过诗歌表达对社会公平正义的追求。

在唐代诗歌创作中，涌现出了许多杰出的诗人，他们的作品具有独特的艺术风格和鲜明的个性特点。其中，杜甫、李白、王维和白居易等诗人无疑是最为杰出的代表。他们的作品在中国文学史上具有重要地位，影响了后世无数诗人。李白，被誉为“诗仙”，他的诗歌以豪放、奔放、想象丰富而著称。他善于运用夸张的手法，将自然景观和人生哲理巧妙地结合在一起，创作出许多令人叹为观止的诗篇，如《将进酒》《庐山谣寄卢侍御虚舟》等作品，展现了他超凡脱俗的个性和对美好生活的向往。杜甫，被尊称为“诗圣”，他的诗歌以深沉、厚重、关注社会现实而受到人们的喜爱。他的作品中，既有对国家政治的忧虑，也有对百姓疾苦的同情，如《春望》“三吏”等诗篇，通过描绘战争和社会动荡给人们带来的苦难，传达出诗人对和平安定的渴望。王维，作为山水田园诗派的代表人物，他的诗歌以清新淡雅、意境空灵而著称。他的作品中，常常表现出对自然美景的赞美和对田园生活的向往，如《山居秋暝》《鸟鸣涧》等，通过对山水的细腻描绘，传达出诗人内心的宁静与超脱。白居易，他的诗歌以平易近人、通俗易懂而受到广泛喜爱。他关注社会民生，善于运用生动的语言和形象的比喻，表达出自己对社会现实的关注和对人生哲理的思考，如《赋得古原草送别》《问刘十九》等作品，展现了他深厚的文学功底和对普通人生活的关爱。

唐诗的语言精练而富有表现力。诗人善于运用简练的文字来传达复杂的情感和景象，如杜甫的“会当凌绝顶，一览众山小”，仅用十个字便表达了诗人对高山的敬畏和对自然景色的赞美。这种高度概括的表达方式，使得唐诗充满了诗意和艺术魅力。唐诗中的意象生动而富有想象力。诗人通过对自然景物、历史典故、民间传说等元素的巧妙运用，创造出许多令人叹为观止的意象，如李白的《庐山谣寄卢侍御虚舟》，通过描绘庐山的美景，表现了诗人对自由生活的向往。这种生动的意象描绘，使得唐诗具有极高的艺术价值。唐诗的韵律和谐，具有很强的音乐性。诗人精通音律，善于运用平仄、对仗等技巧，创作出了许多优美的诗句，如王之涣的《登鹳雀楼》，通过严密的对仗和平仄安排，使得诗句朗朗上口，铿锵有力。这种韵律美感，使得唐诗具有广泛的传播力和感染力。更为重要的是，唐诗所蕴含的深刻哲理和情感表达，使得其具有强烈的思想性和现实意义。诗人关注社会现实，关心民众疾苦，通过诗歌传达自己的忧国忧民之情，如白居易的《琵琶行》，通过对琵琶女的身世描绘，反映了当时社会的不公现象，表达了诗人对社会现实的深刻反思。

（三）宋词美

宋词作为一种独具魅力的文学体裁，自宋代以来便在中国文学史上占有举足轻重的地位。其起源于唐代，但在宋代得到了空前的发展和完善，成为当时最为流行和具有代表性的文学形式之一。与唐诗和元曲齐名，宋词被誉为中国古典文学的三大瑰宝之一，它们共同展示了华夏文明的璀璨光辉。宋词的发展和繁荣，与宋代社会的政治、经济、文化等多方面因素密切相关。在这一时期，随着城市经济的繁荣和市民阶层的崛起，人们对于文学艺术的需求日益增长。宋词作为一种更加贴近民间生活、表达真挚情感的文学形式，迅速受到了广泛的欢迎和喜爱。与此同时，宋代文人对词的创作和研究也达到了前所未有的高度，形成了诸多脍炙人口的名篇佳作。宋词的内容极为丰富，涵盖了爱情、离别、怀古、山水、节令等各个方面。这些作品不仅反映了当时社会的风俗民情，也展现了词人们对生活、自然、历史的独特见解和深切感慨。在形式上，宋词继承并发展了唐代诗歌的格律传统，同时更加注重音韵的和谐与美感。它以简练的文字、优美的意境和富有节奏感的韵律，给人以强烈的艺术享受。在宋代词坛上，涌现了许多杰出的词人，如苏轼、李清照、辛弃疾等。他们的作品各具特色，既有豪放派的奔放激昂，又有婉约派的柔美细腻。这些词人的作品，不仅在当时广为传颂，对后世文学创作也产生了深远的影响。

宋词作为一种具有严格格律要求的文学形式，其独特的魅力在于词人在有限的框架中展现出无限的创意与情感。宋词的格律主要包括以下几个方面：固定的词牌名、平仄声调、字数限制以及其他特定的格式和韵律要求。词牌名是宋词的基本单位，它规定了词的基本结构和韵律模式。每个词牌名都有其对应的格式，包括平仄、字数、句式等方面。词人需要在这些既定的格式中进行创作，故词作既符合词牌的要求，又能表达出自己的情感和思想。平仄声调是宋词中非常重要的一个方面。平声和仄声的交替和搭配，使得诗词具有独特的韵律感。词人在创作时需要严格遵循平仄规律，使得词作的音韵悦耳动听。同时，平仄的运用也会影响到词作的情感表达，如平声多用于表现宁静、舒缓的情感，而仄声则多用于表现激昂、紧张的氛围。字数限制是宋词创作的另一个重要约束。每个词牌名都有其规定的字数，词人需要在这个字数范围内进行创作，这要求词人在有限的空间内充分展示自己的才华和情感。在字数限制的基础上，词人还需要考虑句子的长短、节奏等因素，以使词作既符合格式要求，又具有美感。除了以上几个方面，宋词还有一定的格式和韵律要求，比如某些词牌名要求词作中有对仗、排比等修辞手法的运用，以及特定的押韵方式。这些要求使得宋词具有丰富的表现力和艺术魅力。

宋词的艺术风格多变，既有豪放派的激昂奔放，也有婉约派的柔美细腻。这种多元化的艺术风格，使宋词成为中国古典文学中一道亮丽的风景线。豪放派代表词人如苏轼、辛弃疾等，他们的词作多表现出豪迈的情感和对时事的关注。这一派的词人擅长运用生动的语言和鲜明的形象，表现出对国家和民族命运的忧虑与关切。在他们的词作中，我们可以看到一种英勇无畏、敢于直面现实的精神风貌。比如苏轼的《念奴娇・赤壁怀古》通过对赤壁之战的回顾，表现出了对历史沧桑的感慨和对英雄豪杰的赞美；辛弃疾的《永遇乐・京口北固亭怀古》则通过对岳飞抗金事迹的描绘，抒发了对国家民族命运的忧虑和对英勇抗争的敬仰。婉约派代表词人如柳永、秦观等，他们的词作则多描写细腻的情感和优美的自然景色。这一派的词人注重对内心情感的抒发和对生活细节的捕捉，以优美的旋律和柔和的画面描绘出一种恬静、温婉的意境。在他们的词作中，我们可以领略到一种清新脱俗、柔美动人的艺术魅力。比如柳永的《雨霖铃・寒蝉凄切》通过对离别场景的描绘，展现了对离别之痛的无尽感慨；秦观的《鹊桥仙・纤云弄巧》则通过对七夕相会的描绘，传达了对忠贞爱情的向往和对美好生活的赞美。

（四）元曲美

元曲，是中国戏曲文学中的一种独特体裁，其始于宋代，鼎盛于元，并在明清两代得以延续和发展。它在中国古代文学史上具有举足轻重的地位，成为继唐诗、宋词之后的又一个辉煌高峰。元曲的诞生和繁荣，不仅丰富了古代文学的表现形式，也为我们留下了宝贵的文化遗产。元曲的内容丰富多彩，涵盖了历史传奇、民间故事、神话传说等多种题材。这些题材的选择和运用，充分展现了当时社会的风貌和人们的生活状态。通过对各种题材的描绘，元曲作品既反映了封建社会中的阶级矛盾、民族矛盾等社会问题，也表现了人们对美好生活的向往和追求。从艺术形式上看，元曲有独特的韵律和曲调，其语言简练、通俗易懂，具有较强的生活气息和民间色彩。元曲的表演形式多样，包括唱、念、做、打等，可使观众更好地沉浸在戏剧的情境之中。此外，元曲的演出场景也丰富多样，既可以在宫廷、庙会等大型活动中上演，也可以在家庭、街坊等小型场合进行。元曲的代表性作品有许多，如《西厢记》《牡丹亭》《长生殿》等，这些作品都以其精湛的艺术技巧和深刻的思想内涵，赢得了广泛的赞誉。这些经典之作不仅影响了后世戏曲文学的发展，也对现代戏剧、影视等多种艺术形式产生了深远的影响。

元曲以其通俗易懂的语言、贴近民间口语的特点而广受喜爱，具有较高的普及性和生活气息。它不仅反映了当时社会的风俗民情，也展现了丰富多彩的民间艺术形式。与唐诗和宋词相比，元曲在文学创作上有着鲜明的个性。元曲在语言运用上追求简洁明了，更接近于民间口语，这使得元曲的语言更加生动、形象，容易引起读者的共鸣。相比之下，唐诗讲究严格的格律和韵律，对字句的要求较高，而宋词则偏重文采和抒情，注重字词的雕琢，元曲则摆脱了这些束缚，更注重内容的表达和情节的推进，使得作品更具生活气息和戏剧性。元曲在内容上更加关注社会现实，反映了当时人民的生活状态和心声。元曲作品中，既有讽刺时弊、揭露社会黑暗的一面，也有歌颂爱情、亲情和友情的温馨之作。这些作品以真挚的情感和鲜明的立场，赢得了广泛的认同和喜爱。唐诗和宋词则更多地表现了文人的闲情逸致和抒发个人情感，与元曲关注现实生活的特点形成了鲜明的对比。

元曲是中国古典戏曲的重要分支，主要包括散曲和杂剧两大类，二者共同构成了元代戏曲艺术的辉煌。散曲是一种独立的单曲形式，具有较高的艺术价值。它既可以单独演唱，展示演员的唱功和表现力，也可以与其他散曲组合成套曲，形成一部完整的戏剧作品。散曲的内容丰富多样，既有抒发个人情感的小令，也有反映社会现实的大调。它们以优美的旋律和富有韵味的曲辞，展现了元代人民的生活风貌和精神风貌。杂剧则是元曲中更具综合性的艺术形式。它融合了唱、念、做、打等多种表演手法，展现了戏曲艺术的独特魅力。杂剧通常由四折组成，相当于现代戏剧的四幕，每折都有独立的主题和情节，但又相互联系、相互补充。有时，杂剧还会加入一个“楔子”，作为引子，为剧情的展开和高潮做好铺垫。在杂剧中，唱腔是表达情感和推动剧情的重要手段。演员通过各种曲牌的演唱，展现出角色的喜怒哀乐，观众可从中感受到戏剧的张力。念白则负责叙述故事情节，使观众更好地理解剧情发展。而“做”和“打”则是杂剧中的表演和动作部分，包括舞蹈、武打、杂技等，它们既丰富了戏剧的表现力，也为观众带来了视觉享受。

元曲的内容涉猎广泛，涵盖了多种题材和风格。其中一些作品关注宏大的历史题材，如《西华山陈抟高卧》等，通过讲述历史传奇人物的故事，展现元代社会的风云变幻和人物命运的坎坷。此外，元曲中还有许多以反映普通百姓生活为主题的作品，这些作品通过描绘平凡人物的日常生活，展现当时社会的风俗民情和人际关系。讽刺和揭露社会矛盾是元曲的另一个显著特点，许多作品通过对社会现象的犀利批判，揭示出当时社会的种种弊端和问题。这些作品具有鲜明的现实主义色彩，反映了元代剧作家们对社会现实的敏锐观察和深刻思考。比如《窦娥冤》通过讲述一个冤屈女子的悲惨遭遇，对社会的不公和腐败进行了深刻的揭露和批判。

元曲以其独特的艺术魅力和丰富的人物描绘而闻名于世。在元曲作品中，角色形象鲜明，性格各异，展现了丰富多彩的社会生活。作者通过对人物性格的深刻刻画，使得每个角色都具有鲜明的个性，这使得元曲的人物塑造具有很高的艺术成就。元曲中的角色形象具有鲜明的特点。在元曲中，人物形象往往具有独特的外貌特征、言行举止和心理活动，这些特点使得角色在观众心中留下了深刻的印象，比如《西厢记》中的崔莺莺，她美丽、聪明、机智，同时又具有一种柔弱的气质，使得观众对她产生了强烈的同情和喜爱。元曲中的角色性格各异，形成了鲜明的对比。在元曲作品中，作者通过对不同角色性格特点的描绘，展现了丰富多样的人物关系，如《马丹阳三度任风子》中的马丹阳，他忠诚、正直、勇敢，与作品中的反派角色形成了鲜明的对比。这种对比使得剧情更加紧张激烈，增强了戏剧的吸引力。元曲作者通过对人物性格的深刻刻画，展现了他们的命运和情感。在元曲作品中，人物的性格往往与他们的命运紧密相连。如《赵氏孤儿》中的赵武，他的忠诚和勇敢使得他在面对家族的悲剧时，毫不犹豫地承担起了复仇的重任。这种性格与命运的紧密联系，使得观众对角色产生了强烈的共鸣，也使得元曲的感染力得以充分展现。元曲作品中的人物塑造具有很高的艺术成就。通过对人物性格的深刻描绘和命运的展现，元曲成功地传达了当时社会的伦理观念、道德观念和审美观念，这些观念不仅反映了当时社会的风貌，也为我们今天的文化传承提供了宝贵的素材。

二、小说美

（一）小说概念

作为一种文学体裁，小说以其独特的魅力和广泛的受众群体成为文学领域中的重要组成部分。小说的核心在于通过刻画人物形象、叙述故事情节和描绘生活场景这三大手段，来展现丰富多彩的社会生活。通过虚构或半虚构的叙述方式，小说不仅能够反映现实生活的种种现象，还能表达作者的思想感情和审美理想，使读者在阅读过程中产生共鸣。为更好地展现故事情节和人物形象，小说在情节设置上具有连贯性，这意味着故事的发展会遵循一定的逻辑和顺序，从而使读者能够顺畅地跟随故事的发展。同时，小说中的人物塑造也是至关重要的。通过细腻的心理描写和生动的行为表现，作者使人物形象栩栩如生，让读者仿佛置身于他们之间，感受他们的喜怒哀乐。此外，故事背景的完整性也是小说的一大特点。通过对时代背景、地域环境、社会风俗等方面的描绘，小说为读者提供了一个真实而立体的故事空间。

根据不同的标准，小说可以分为多种类型。按照内容，小说可以分为言情小说、科幻小说、历史小说、悬疑小说等，这些类型的小说各自关注不同的主题和领域，满足了读者多样化的阅读需求。比如言情小说关注爱情故事的发展，科幻小说则探讨科学技术和未来世界的可能性。按照篇幅，小说可以分为长篇小说、中篇小说和短篇小说。不同篇幅的小说在结构和叙事方式上有所差异，长篇和中篇小说往往有更多的篇幅来展开复杂的情节和人物关系，而短篇小说则以简洁精练的方式呈现故事。此外，按照叙述方式，小说可以分为第一人称小说、第三人称小说等。第一人称小说通常以主角的视角来讲述故事，使读者更容易产生代入感；而第三人称小说则以旁观者的角度来叙述故事，使故事具有更广泛的视角和客观性。这些不同类型的小说，在叙事方式上为读者提供了丰富的阅读体验。

小说的起源可以追溯到古代的口头传说和神话故事。这些早期的故事通过口头传播，代代相传，成为人类共同的记忆和文化遗产。随着文字的产生和印刷术的发明，小说逐渐从口头传统转变为书面形式，成为文学创作的重要载体。在不同的历史时期和文化背景下，小说都展现出了独特的魅力和影响力。从古代的史诗、传奇、寓言，到近现代的现实主义、浪漫主义、科幻等流派，小说的表现形式和主题内容都经历了丰富的变化和发展。这些变化不仅反映了社会历史背景的变迁，也展现了人类对于自我认知和外部世界的不断探索。通过阅读小说，人们不仅可以享受故事情节带来的愉悦，还可以深入理解不同文化和社会背景下的人类经验和智慧。小说以其独特的叙事技巧和丰富的想象力，构建了一个虚拟的世界，让读者在其中体验不同的生活，感受不同的情感。同时，小说也是一面镜子，反映了作者对于人性、社会问题和道德伦理的深刻思考。

（二）小说美的分析

小说的价值还在于其对于语言的精炼和创新。小说家通过对词汇、句式、修辞等语言元素的巧妙运用，不仅能够创作出具有独特文学风格的作品，还能够提升作品的审美价值。这种对语言的探索和创新不仅丰富了文学的表现形式，同时也为其他艺术领域提供了宝贵的灵感和借鉴。词汇的精心挑选和运用，可为作品塑造鲜明的人物形象和生动的故事情节。如通过使用形象的比喻和拟人手法，作家能够更加生动地描绘人物的内心世界和情感变化，使读者产生共鸣。此外，通过对词汇的创新性运用，小说家还可以为作品赋予独特的氛围和风格，从而使作品在众多文学作品中脱颖而出。句式的多样性和灵活性也是小说家在创作过程中的重要武器。通过运用不同的句式结构，作家可以调整作品的节奏和韵律，使读者在阅读过程中产生不同的情感体验。比如短句可以用来表达紧张和激烈的情感，而长句则可以用来描绘细腻的心理变化和复杂的情感纠葛。这种对句式的掌控和运用，有助于增强作品的表现力和感染力。修辞手法的运用也是小说创作中不可或缺的一部分。通过对比、排比、拟人等修辞手法，作家可以更加生动地表达自己的思想观念和情感态度，从而使作品具有更高的艺术价值。同时，这些修辞手法也能够增强作品的可读性和趣味性，使读者在阅读过程中得到愉悦的审美体验。

小说往往蕴含着深刻的思想内涵和哲理思考。作者通过精心构建的故事情节、生动的人物形象以及富有变化的命运转折，传达自己的世界观、人生观和价值观。这些观点和思考往往能够引发读者的共鸣，激发人们对生活、社会和人性的深入思考。通过故事情节的发展，小说内容中便逐步展现了作者对于现实世界的观察和理解。情节的设置和推进往往具有一定的象征意义，使得读者在阅读过程中能够体会到作者想要传达的思想。同时，故事情节的跌宕起伏也使得读者在享受阅读的过程中，不断地产生新的感悟和启示。人物命运的转折和成长是小说传达思想内涵的重要手段。通过对人物性格的塑造和命运的安排，作者展示了人生百态，使得读者能够从不同角度去审视和思考人生的意义。此外，人物之间的冲突和互动也往往反映出作者对于社会现象和人际关系的独到见解。

小说注重语言的表现力和审美价值。作者通过丰富的修辞手法、独特的叙事风格，为读者呈现了一个个栩栩如生的场景，使得读者在阅读的过程中能够产生身临其境的感觉。同时，优美的文字和生动的描绘也给读者带来了美的享受，提高了小说的艺术价值。为了确保论点的连贯性和逻辑性，小说的结构和篇章安排也是作者需要精心考虑的方面。通过合理的布局和过渡，小说的情节和主题会更加紧密地联系在一起，有助于读者更好地理解和接受作者所要传达的思想和观点。

三、戏剧美

（一）戏剧概念

戏剧作为一种古老而又充满活力的表演艺术形式，其本质在于通过对话和行动的现场表演来展现人生百态和社会矛盾。戏剧作品的创作和表演是一个复杂而富有创意的过程，涉及多种艺术元素的融合与碰撞。戏剧作品通常由剧本作为基础，剧本是戏剧表演的蓝本和依据。一个优秀的剧本不仅包含丰富的角色对话、生动的舞台指示和紧密的情节安排，还应具备深刻的主题思想和鲜明的人物性格。剧作家通过对角色的刻画、情节的设计以及对白的巧妙运用，将戏剧作品的思想内涵和社会价值传达给观众。戏剧表演本身则是一种高度综合的艺术形式，它要求演员具备丰富的表演技巧，如声音、肢体、表情等方面的能力。在戏剧表演中，演员需要根据剧本的安排，通过自己的理解和创造力，将角色塑造得栩栩如生。同时，舞台导演和设计师也需要密切配合，运用舞台布景、灯光、音效等元素，为演员的表演创造一个适合的表演空间，使戏剧作品更具视觉和听觉冲击力。戏剧作为一种现场表演艺术，其魅力在于演员与观众之间的互动。在戏剧演出过程中，演员需要根据观众的反应调整自己的表演，以达到更好的艺术效果。观众则通过观看戏剧作品，体验不同的人生境遇，感悟人性的复杂和社会的多样性。这种互动使得戏剧成为一种生动的、具有强烈感染力的艺术形式。

现场性是戏剧最重要的特征之一。观众在剧场内能够实时观看演员的表演，这种即时的交流和互动为戏剧赋予了一种难以复制的魅力。每一场戏剧演出都是独一无二的，因为演员的即兴发挥、观众的反应以及其他现场因素都可能对演出产生影响，故每一场戏都具有其独特的生命力。除了现场性，戏剧表演还依赖于演员的多种表现手法，如身体语言、面部表情和声音变化等，这些直观的形式有助于传递角色的情感、塑造人物形象以及推动故事的发展。身体语言是戏剧表演中最为关键的元素之一，演员通过举手投足、步伐、姿态等无声的方式，向观众展示角色的内心世界。面部表情同样具有强烈的表现力，演员通过眼神、微笑、皱眉等微妙的变化，传递角色的喜悦、愤怒、悲伤等多种情感。此外，声音的变化也是戏剧表演中不可或缺的一部分，演员通过调整语速、音调、音量等，为角色赋予独特的个性和情感深度。戏剧表演的现场性和多样化的表现手法共同为观众创造了一种沉浸式的观剧体验。观众在剧场内不仅能够欣赏到精彩的表演，还能感受到演员与观众之间的情感交流，这种互动使得戏剧成为一种极具吸引力的艺术形式。此外，戏剧的现场性还要求演员具备高度的专业素养和应变能力，因为他们需要在舞台上迅速适应各种突发情况，以确保演出的顺利进行。

戏剧自古以来就以其多样化的表现手法和高度的灵活性吸引着无数观众。在戏剧的舞台上，现实主义与抽象象征的手法相互交织，共同构建了一个多层次、多维度的艺术世界。戏剧作品通过对现实生活的深刻剖析，展现了人性的复杂性和多样性。同时，通过抽象和象征的艺术探索，戏剧也为观众呈现了一个充满想象力和创造力的视觉盛宴。戏剧作品之所以能够触及人心的不同层面，很大程度上得益于其丰富的表现手法。从古典悲剧到现代喜剧，从舞台剧到音乐剧，戏剧作品通过不同的故事、角色和情感，让观众在欣赏过程中产生共鸣。此外，戏剧作品在舞台设计、服装、化妆、音效等方面的独特创意，也为观众带来了不同于其他艺术形式的审美体验。戏剧的成功呈现离不开导演、演员、舞美设计、灯光音效等多方面的紧密合作。导演在戏剧创作过程中扮演着至关重要的角色，他们需要对剧本有深刻的理解，同时具备丰富的想象力和创造力，才能将戏剧作品呈现得淋漓尽致。演员则是戏剧作品的灵魂，他们通过身体、声音和情感的表达，将角色塑造得栩栩如生。此外，舞美设计师、灯光师和音效师等专业人士的精湛技艺，也是戏剧作品成功呈现的关键因素。

（二）戏剧美分析

戏剧美是一种独特的艺术美感，其源自戏剧作品中各个元素的综合体现。戏剧作为一种综合性的艺术形式，其美的表现力不仅仅局限于文字和情节，还包括了演员的表演、舞台设计、音乐、舞蹈等多方面的元素。戏剧美体现在剧本的构思与文字上。一部优秀的戏剧作品，往往拥有紧凑的情节、鲜明的人物形象和深刻的主题思想。这些元素共同构成了戏剧作品的灵魂，能够引发观众的共鸣和思考。剧作家描绘人物性格、巧妙安排情节以及深入挖掘主题，使得观众在欣赏戏剧时能够感受到作品的独特魅力。戏剧美还体现在演员的表演上。优秀的演员能够通过自己的表演，将剧本中的情节和人物形象生动地呈现出来。他们通过声音、肢体、表情等多种形式，将戏剧作品的情感深度和艺术张力传达给观众。演员的精湛表演是戏剧美的重要组成部分，也是观众沉浸在戏剧世界中的关键因素。舞台设计、音乐、舞蹈等元素也为戏剧美增色添彩。舞台设计师通过对舞台空间的巧妙布局，创造出符合戏剧主题的视觉环境，使得观众能够更好地沉浸在戏剧情境之中。音乐和舞蹈则为戏剧作品提供了更加丰富的表现手段，它们通过旋律、节奏和动作，强化戏剧情感的传达，戏剧美得以更加立体和多元地呈现。

戏剧美在于它能够生动地反映社会现实和人性。通过戏剧表演，创作者得以用富有创意的方式探讨各种复杂的社会问题、道德观念以及人性的光辉与阴暗面。这种艺术形式不仅为观众提供了一种审美体验，还能够引发人们的深思和反省，促使我们审视自身行为和价值观。通过对话、肢体语言和舞台布景等多种表现手法，戏剧将现实生活中的人物、事件和情感娓娓道来。这使得戏剧是一种极具表现力的艺术形式，能够传达出现实生活中难以言喻的情感和冲突。同时，戏剧还能够以讽刺、幽默等手法，对现实生活中的不合理现象进行批判，从而引发观众对现实问题的关注和思考。戏剧中的道德观念也是一个重要的探讨领域。通过戏剧作品中所描绘的人物行为和冲突，观众能够对善恶、正义与非正义等道德问题进行反思。戏剧不仅仅是一种娱乐形式，它还具有教育和启迪人心的功能。通过戏剧，观众能够对自己的道德观念进行审视和提升，从而促进个人和社会的进步。戏剧还关注人性的光辉与阴暗面。人性中的美好品质如善良、勇敢、无私等，以及恶劣品质如贪婪、自私、欺诈等，都能在戏剧作品中得到体现。通过对这些人物特质的描绘，戏剧既展示了人性中最为崇高和美好的一面，也揭示了人性中最为脆弱和阴暗的一面，这种对人性的深入挖掘，使得戏剧作品具有更强烈的现实意义和教育意义。

戏剧作为一种表演艺术，其美的力量在于能够将人类共有的情感和经历以舞台形式呈现，使观众在欣赏的过程中产生共鸣和感悟。这种共鸣超越了地域、语言和文化差异，故戏剧作品能够在世界各地广泛传播，被不同国家的观众所欣赏和传承。戏剧美还在于其不断更新和发展的能力。戏剧作品在传承的过程中，往往会根据时代背景和观众需求进行改编和创新，从而保持生命力。这种对经典的重新演绎和诠释，不仅使得戏剧作品能够适应不同时代的观众，还能够跨越国界，成为全球文化共同体的一部分。

四、影视美

（一）影视概念

影视是指电影和电视剧两种视觉艺术形式的统称。电影是一种通过连续的影像和声音来讲述故事、表达情感和传递信息的艺术媒介，它以大银幕为展示平台，结合视觉特效、音乐、剪辑等技术手段，为观众提供了沉浸式的观影体验。电视剧则是在电视屏幕上播放的连续性故事作品，通常分为多个剧集，每集都有独立的故事线，但又相互关联构成一个完整的叙事。电视剧相较于电影，更加注重人物的深入刻画和故事情节的连贯发展。

影视在传播方式上也有所不同。电影通常在电影院通过大屏幕播放，给观众带来强烈的视听冲击和情感体验。而电视剧则更多地在家庭、个人设备等小屏幕上播放，观众可以根据自己的时间安排来观看，更加便捷和灵活。在内容创作上，影视作品往往涵盖了广泛的题材和风格，从现实主义到科幻幻想，从喜剧到悲剧，都能够找到它们的身影，这种多样性使得影视作品能够满足不同年龄、不同文化背景观众的需求。

影视作品不仅仅是为了娱乐大众，其还承载着丰富的教育价值、文化传承以及反映社会现象等多重功能。在当今社会，电影和电视剧已经成为人们日常生活中不可或缺的一部分，它们以独特的方式传递信息、传递情感，并对观众产生深远的影响。影视作品具有很高的教育价值。通过精心设计的剧情和角色，它们可以传授知识、启发思考，甚至改变观众的价值观和行为。比如一部关于历史事件的电影可以让观众了解过去的故事，从而对现实生活有更深刻的认识；一部关注社会问题的电影则可以唤起观众对社会现象的关注和思考，激发他们采取行动，努力改善社会现状。影视作品是反映社会现象的一面镜子，其通过对现实生活的再现和演绎，揭示了社会中存在的问题和挑战，引发观众对这些问题的关注和讨论。同时，影视作品还可以传递正能量，通过展现人性的光辉、传递正面价值观，激发观众的向善之心，促使他们在现实生活中积极行动，为社会的进步作出贡献。

（二）影视美分析

“影视美”是指影视作品中所蕴含和展现出的审美价值和艺术特质。其优点集中体现在视觉效果上，包括精美的画面、色彩的运用、构图的巧妙以及视觉特效的创新等。这些元素共同作用，营造出引人入胜的视觉艺术空间。影视美还体现在故事内容上，一个精彩的故事能够触动人心，传递深刻的主题和情感。通过编剧的巧妙构思和导演的精心编排，故事情节的发展往往能够引起观众的共鸣，让人们在感受故事的同时，也能体会到作品所要表达的深层意义。影视美还体现在演员的表演上。优秀的演员能够通过自身的演技，将角色的性格、情感和内心世界表现得淋漓尽致。他们的表演往往能够赋予角色以生命力，使观众对角色产生强烈的情感投入。影视美也体现在音乐和声效上。一首动听的电影原声或者电视剧主题曲，不仅能够增强作品的氛围感，还能够深化观众的情感体验。同时，精准的音效设计也能够使影视作品的观感更加真实和震撼。影视美还体现在作品的整体构思和创意上，一个独特的视角、一个新颖的叙事手法或者一个寓意深远的主题，都能够使影视作品脱颖而出，成为经典。这种创意和构思是影视美的灵魂，它们让作品具有了独特的艺术魅力和文化价值。

五、融入红色文化的文学之美

（一）红色文学类型

1. 红色经典小说

红色文学是中国文学史上一部分重要的文化遗产，红色经典小说更是其中的瑰宝。这类小说以其宏大的叙事格局、深刻的历史内涵和鲜明的时代特色，展现了中国革命历史中一段段惊心动魄、激荡人心的故事。红色经典小说在红色文学中占据举足轻重的地位，其艺术成就也得到了广泛认可。红色经典小说的魅力，在于它用最朴实无华的语言和生动的描绘，反映了特定年代的历史背景和人民生活。这种文学形式使得读者能够深入了解那个时代的社会现实和历史变迁，同时也能够体会到人民在艰苦岁月中所展现出的坚定信念和顽强拼搏的精神风貌。在这类小说中，人物形象的塑造往往是非常鲜明和典型的。它们代表着时代背景下的广大人民群众，他们的命运波折反映出社会的矛盾和冲突，以及人民在革命斗争中所付出的巨大牺牲。这些形象既具有深刻的历史意义，又具有普遍的时代价值，成为红色经典小说的核心魅力。红色经典小说还将人物的命运与时代发展紧密地结合在一起，使读者在感受故事主人公的爱国情怀和革命乐观主义精神的同时，也能对中国发展的艰辛历程有更加全面和深入的了解。这种结合使得红色经典小说具有极高的思想性和教育意义，对于后来人来说，既是一面镜子，又是一部鲜活的历史教材。

2. 红色经典诗歌

红色经典诗歌不仅包括体现革命背景和革命信念的诗作，而且涵盖了和平建设时期的红色经典诗歌。这类诗歌以其独特的魅力在中国诗歌发展史上占据着举足轻重的地位。红色文学的诗作通常采用第一人称进行叙述，直接表达诗人内心的想法和情感，故具有强烈的感染力和深刻的思想内涵。以革命战争为背景的诗歌，如毛泽东的《沁园春·雪》《长征》等，这些作品通过描绘革命历程中的英勇事迹，展现了革命者的坚定信念和崇高理想。和平建设时期的红色经典诗歌，如郭沫若的《伟大的祖国》、艾青的《我爱这土地》等，这些作品以和平建设为背景，表达了人民对美好未来的向往和对国家的热爱。

红色文学的诗歌作品具有鲜明的时代特色和历史意义，其反映了社会发展的历程和人民群众的精神风貌。这些诗歌作品在中国诗歌史上具有重要的地位，不仅因其丰富的思想内容，更因其独特的艺术风格和表现形式。红色文学诗歌通常以简练、朴实的语言表达深刻的思想，具有很强的现实意义和启迪作用，使读者在欣赏诗歌的过程中，能够感受到历史的厚重和时代的进步。在红色文学诗歌的创作过程中，诗人注重真实地反映生活，强调诗歌的社会功能和教育意义。他们以自己的亲身经历和深刻的感悟为基础，以第一人称的视角，将个人情感与民族命运紧密相连，这使得红色文学诗歌既具有鲜明的个人色彩，又具有广泛的社会影响力，成为激励人民群众投身于革命和建设事业的重要精神力量。

3. 红色经典散文

在革命战争时期，红色经典散文作为一种特殊的文学形式，为人民群众提供了源源不断的精神动力。这些散文作品以其独特的艺术魅力和深刻的思想内涵，激发了人民对革命事业的信仰和热情。《可爱的中国》和《白杨礼赞》等红色经典散文，不仅成为红色文学的典型代表，更是人民心中的精神支柱。红色经典散文以其鲜明的政治立场和深刻的历史背景，展现了革命战争年代人民的英勇斗争和伟大事迹。在这些作品中，作者们通过细腻的描绘和真挚的情感，展示了革命战士们坚定的信仰、顽强的毅力和无畏的牺牲精神。这些散文作品不仅传递了革命理念，更成为激励人心、凝聚力量的重要载体。在当今社会，红色经典散文仍具有重要的历史价值和现实意义。通过学习和传承这些作品，我们可以更好地理解革命历史，弘扬民族精神。同时，这些作品中所蕴含的智慧和力量，也为我们在新时代的奋斗和发展中提供了宝贵的精神财富。

（二）红色诗词之美

红色诗词，作为一种特殊的文学形式，承载着诗人深厚的政治信仰和革命情怀。它不仅仅是一种艺术表达，更是革命者坚定信念与崇高理想的生动体现。在众多红色诗词作品中，诗人对革命事业的忠诚、对革命理念的执着追求和对革命胜利的乐观信念，都得到了充分的展现。红色诗词反映了诗人对革命事业的坚定自信。在这些作品中，诗人通过自己的创作，传达了对革命事业的崇高信仰和坚定支持。他们以笔为剑，用诗词来鼓舞士气，激发人民群众的斗志，如毛泽东的《七律·长征》中，“红军不怕远征难，万水千山只等闲”表现了红军战士们面对艰难险阻，依然勇往直前的英雄气概。红色诗词展现了诗人对革命信念的持之以恒。在革命道路上，诗人始终坚持自己的信念，不畏艰险，勇攀高峰，如陈毅的《梅岭三章》中，“忠诚报国，死而无悔”等充分体现了诗人对革命事业的忠诚和牺牲精神，激励着后来人为民族解放和国家繁荣而英勇斗争。

红色诗词以其鲜明的政治立场、崇高的信仰和强烈的感召力，成为革命烈士们精神的象征。这些作品传承着革命烈士的英勇事迹，激励着一代又一代人为国家的繁荣富强、民族的复兴而不懈奋斗。在这样的诗词中，我们可以感受到诗人对革命事业的热爱，对人民的忠诚，以及对美好未来的坚定信念。

本章小结

本章深入探讨了文学之美的多个方面，包括诗歌、小说、戏剧、影视以及红色文化中的文学之美。通过分析不同文学形式的艺术特色和审美价值，我们对文学的魅力和影响有了更深刻的理解。诗歌美包括《诗经》的古典之美、唐诗的雄浑壮丽、宋词的婉约清新以及元曲的生动活泼。这些诗歌形式不仅展现了中华文化的深厚底蕴，也体现了诗人对于自然、社会、人性等多方面的独特感悟和表达。

小说通过情节、人物、语言等元素构建一个虚拟的世界，给予读者强烈的代入感和思考空间，从而产生深刻的艺术效果。戏剧通过舞台表演、对话、音乐等多种手段，展现了人类情感和命运的多样性，为观众提供了独特的审美体验。影视美通过影像和声音的结合，创造出更为生动、直观的艺术效果，为观众带来了强烈的视觉冲击和情感共鸣。最后，本章特别关注了融入红色文化的文学之美。红色文学作为一种特殊的文学类型，其通过反映革命历史和英雄事迹，传递了坚定的信仰和崇高的精神价值。红色诗词以其鲜明的政治立场和深刻的思想内涵，激发了人们对革命精神的认同和传承。

章节测试

1. 请简述《诗经》的美学特点及其在中国文学史上的地位。

2. 唐诗与宋词在表现手法和审美风格上有哪些显著的区别？

3. 戏剧美主要体现在哪些方面？请结合具体作品进行说明。

4. 影视美的核心要素是什么？请结合一部影视作品进行分析。

5. 红色文化在文学创作中有哪些体现？请列举一些具有代表性的红色文学作品，并简要介绍其特点。

案例分析

红色诗词之美赏析

选取毛泽东的《沁园春·雪》或《七律·长征》，分析红色诗词中的象征、比喻和革命情怀。

实践活动

举办唐诗、宋词、元曲鉴赏会，学生分享自己创作的作品，并进行相互评价和讨论。

第八章

科技之美

学习目标

通过本章的学习，尝试理解科学与艺术之间的关系，掌握科学美的基本概念和特点，了解科学美在社会和文化发展中的意义和作用。本章将介绍不同领域的技术应用和创新，学生将通过学习了解到技术如何影响和改变人类的生活方式、社会结构和文化发展，培养对技术美的欣赏和创造。在本章中，学生将了解到中国红色文化与科技的结合，探索红色文化如何影响和推动科技发展，以及科技如何传承和弘扬红色文化的精神。通过学习，培养学生对融入红色文化的科技之美的认识和理解。

一、科学美

（一）科学美概念

科学美是指将科学与艺术相结合，通过艺术形式来展现科学知识和科学原理的一种表达方式，其通过美的形式来呈现科学的内涵和思想，人们可更加直观地理解和感受科学的魅力。

科学美的目的不仅在于传递科学知识，还在于唤起人们对科学的兴趣和好奇心。通过观赏科学艺术作品或参与科学展览，人们可以在美的享受中更深入地了解科学，并从中获得愉悦感和启发。

科学美在一定程度上促进了科学传播的效果和影响力。科学往往以专业术语和复杂的理论面貌呈现给大众，普通人难以接触和理解，但通过科学美的形式，科学可以以更直观、生动的方式呈现出来，可促使更多人对科学感兴趣并产生共鸣。

（二）科学美的形式

1. 科学艺术作品

科学艺术作品是指将科学的思想、原理或现象通过艺术形式表达出来的作品。其结合了科学和艺术的元素，旨在通过艺术的形式让人们更直观地理解科学知识，并激发对科学的兴趣和探索欲望。

科学艺术作品的价值在于它们不仅能够将抽象的科学概念具象化，还能够激发人们对科学的兴趣和好奇心。科学知识往往需要一定的专业背景才能理解，而科学艺术作品则打破了这种限制，其直观的表现形式，使得科学变得更加容易理解和欣赏。

绘画是最常见的科学艺术形式之一。通过运用色彩、线条和形态等视觉元素，艺术家可以将复杂的科学概念转化为图像，让观众能够通过观察作品来理解科学的内涵。比如可采用绘画的方式描绘分子结构和化学反应的过程，这可以增加人们对化学的理解和认识。类似的，生物学的概念也可以通过绘画作品展示出来，比如描绘细胞的组成和功能，或者描绘动植物的进化过程。雕塑也是一种能够将科学概念具象化的艺术形式。通过立体的形态和质感，雕塑可以更加生动地表现出物质的结构和性质。比如雕塑家可以以分子或晶体结构为灵感，创作出具有立体感的作品，让观众直观地感受到物质的形态和组成。此外，雕塑还可以通过增加触感的元素，让人们通过触摸来感受物质的硬度、光滑度等特性。摄影是另一种能够将科学概念具象化的艺术形式。通过摄影师的构图和拍摄技巧，科学现象和实验过程可以被捕捉并呈现给观众。比如摄影家可以利用高速摄影技术来捕捉瞬间变化的物理过程，如燃烧火焰的形态、液体溅射的动态等。通过凝固这些瞬间，摄影作品能够让观众直观地感受到科学现象的美妙和复杂性。

科学艺术作品是一种将科学与艺术相结合的创作形式，它能够以独特的方式呈现科学知识和概念。这些作品不仅通过艺术的美感和表达形式吸引观者的注意力，还通过科学的内容和思想引发他们对科学的好奇心和兴趣。科学艺术作品在形式上具有一定的创新性和想象力。艺术家运用各种材料和技巧，创造出视觉上令人惊艳的作品。比如在绘画方面，艺术家可以利用色彩、线条和构图等元素，将科学中的抽象概念具象化，从而更容易引起观者的共鸣。此外，在雕塑和装置艺术中，艺术家可以通过非传统的材料和形式，创造出具有科学意义的作品。这些独特的创作方式可以让观者在欣赏艺术作品的同时，对其中蕴含的科学知识产生兴趣。科学艺术作品通过情感表达唤起人们内心深处的共鸣。艺术作为一种情感和灵感的表达方式，能够触动观者的情感和思绪。科学艺术作品通过表达科学的美感和深度，引发观者对科学的情感共鸣。这种情感共鸣可以激发人们对科学的兴趣，并进一步促使他们深入了解和探索科学知识。科学艺术作品还可以通过视觉上的魅力吸引观者的注意力，引发他们对科学的好奇心。科学常常涉及人们无法直接观察到的微观世界或宏观宇宙，这些抽象的概念往往让人们望而却步。然而，科学艺术作品通过艺术的表现形式将这些概念可视化，使其更加具体和易于理解。观者在欣赏这些作品的同时，还能够通过艺术家的解读和说明，增加对科学知识的理解和掌握，从而产生对科学的好奇心和兴趣。

2. 科学展览

科学展览是一种以展示和传播科学知识为目的的展览活动，其通过集中展示科学实验、科学模型、科学装置、科学图表、科学文物等，以及通过互动展示、科普讲解、科学体验等方式，向公众传递科学理论和实践，并引发观众对科学的兴趣和思考。科学展览具有教育和启发作用。科学知识在展览中以直观、生动的方式呈现，使观众能够更加容易理解和吸收。通过展示真实的实验过程、具体的科学现象以及有趣的科学模型，科学展览能够激发观众的好奇心，增长其科学知识，培养其对科学的兴趣，并激发其探索和思考的欲望。与传统的科学教学相比，科学展览更注重观众的参与和互动。观众可以亲身触摸、操作科学装置或进行简单的实验，通过亲身体验和探索，深入理解科学原理和现象。这种实践性的参与不仅增加了观众的动手能力，还加深了对科学知识的记忆和理解。科学展览通常围绕着某个主题或领域展开，其中包含丰富多样的科学内容。观众可以在短时间内接触到来自不同科学领域的知识，了解科学的广度和深度，拓宽科学视野，这对于激发观众对科学的兴趣、培养跨学科思维、促进创新意识等方面都有积极的影响。

科学展览作为一种重要的科学教育推广平台，拥有许多促进科学教育普及的优势。首先，科学展览能够吸引大量观众，包括学生、教师、家长和科学爱好者等。这些观众通过参观展览，可以直观地了解科学知识，提高对科学的兴趣和热情。而且，科学展览通常会采用多媒体展示、互动实验和模型展示等方式，以便观众能够更好地理解和掌握科学原理和概念。科学展览能够将科学知识传递给更广泛的受众。传统的科学教育往往只在学校或教育机构内进行，受众范围有限，而科学展览则具有较强的公共性和开放性，可吸引来自不同背景和领域的人群，故科学知识得以传播到更多人的视野中。这种开放性也为不同年龄层次的观众提供了学习科学的机会，促进了科学素质的提高。此外，科学展览还能够推动整个社会的科学普及。科学是现代社会发展的基石，对于提高国家的科技实力和经济竞争力至关重要。科学展览可以增加公众对科学的认识和了解，促进科学文化的传承和发展。科学展览还可以展示最新的科技成果和研究成果，让观众了解到科学领域的前沿进展，激发他们对科学研究的兴趣和探索欲望。这样一来，不仅能够培养更多的科学人才，还能够推动科学技术的创新和应用。

（三）科学影像

科学影像是指通过科学技术手段获取和处理的图像，用于科学研究、教学和诊断等领域。科学影像是应用于各种科学研究和实验中的一种重要工具，可以提供对物质结构、运动规律和变化过程的可视化观察和分析。

科学影像是现代科学研究中不可或缺的工具之一。通过利用各种仪器设备，科学家能够观察和记录微小的现象和结构，从而深入研究物质的性质和行为。电子显微镜是一种常用的科学影像技术，它能够将物体的细微结构放大到原本肉眼无法观察到的程度。电子显微镜使用电子束代替传统光学显微镜中的光束，可以实现更高的分辨率和放大倍数，这使得科学家能够研究微生物、细胞、晶体等微观结构，进一步了解它们的组成和功能。除了电子显微镜，X 射线衍射仪也是科学影像领域的重要工具。X 射线衍射原理是基于 X 射线通过物体时的衍射效应，通过分析衍射模式，科学家能够确定物体的晶体结构和原子排列方式，这对于研究材料的特性和性能非常关键，尤其是在材料科学和固态物理领域。另一重要的科学影像技术是核磁共振成像仪（MRI）。MRI 利用原子的核磁共振现象，通过在强磁场和特定频率的无线电波作用下，测量原子核的能级差异，这种技术可以生成人体内部或其他物质的详细结构图像，用于诊断疾病、研究生物分子的构象和运动等。科学影像技术的应用范围广泛，不仅局限于生物学和医学领域。比如在材料科学中，通过扫描电子显微镜（SEM）可以观察到材料表面的形貌和微观结构，并通过能谱分析等方法获取表面成分信息。此外，X 射线衍射还被用于研究材料的晶体结构和相变行为，以及催化剂的活性和选择性等

（四）科学美的特点

在进行科学美的呈现时，参与者须确保所呈现的信息和结果是准确可靠的，符合

科学原则和规律。整体呈现工作也须依靠科学方法和实验数据，进而对问题进行观察、实验和分析，最终得出结论并提供证据支持。科学美的创作过程包括收集和整理大量的科学资料，将复杂的科学概念转化为易于理解的形式，以便非科学专业人士能够获得正确的科学知识。同时，科学家也会运用各种艺术手法和文学技巧，使作品更具吸引力和感染力。科学美可以通过各种形式呈现，无论是哪种形式，科学美都要以科学事实为基础，避免夸大和误导。科学家们在进行科学美的创作时，需要确保所提供的信息真实可靠，并遵循学术界的规范和伦理。

科学美在表达科学概念和原理时注重逻辑性和层次性的组织结构。它通过明确的逻辑顺序和清晰的层次结构来呈现科学信息，使观众或读者能够按照一定的次序理解和掌握知识。比如在科学图表中，利用不同颜色、线条和标签等视觉元素来区分不同部分，并使用明确的标题和说明来解释每个部分的含义，从而帮助观众或读者更好地理解和记忆科学概念。科学美通过使用简洁明了的方式来呈现复杂的科学信息，它避免使用过多的专业术语和冗长的叙述，而是采用通俗易懂的语言和简练的文字，将抽象的概念和原理转化为容易理解的形象和场景。比如在科学展示中，可以使用简单的图像和动画来演示科学实验过程和结果，以直观、生动的方式展示科学原理，帮助观众或读者更好地理解和接受科学知识。

科学美通过使用清晰的图像和直观的演示来帮助观众或读者更好地理解科学信息。其可利用图表、示意图、模型、实物展示等形式，将抽象的概念和原理呈现为可见、可触及的形式，使观众或读者能够直观地感受和理解科学现象。比如在科学教育中，可以使用实物模型来演示分子结构、天体运动等，或利用虚拟实境技术来体验科学实验和探索，以增强观众或读者对科学的感知和理解。

科学美具有启发性。科学美作品独特的视觉效果和创意的表达方式，使得抽象的科学概念变得更加直观可见。比如在图像设计中，科学家可以利用色彩、形状和比例等元素，将复杂的科学现象简化为易于理解的图像，从而帮助观众更好地理解和记忆。科学美还可以通过动画和视觉效果展示科学实验的过程和结果，使观众能够亲眼见证科学原理的变化和作用。这种直观的呈现方式可以激发观众的好奇心，引发他们去思考，并且激发他们进一步探索科学的欲望。科学美还具有创意性，通过将科学与艺术相融合，可创作出具有独特美感的作品。艺术元素的引入可以使科学现象更加生动有趣，让观众以不同的角度去思考科学问题。如在摄影中，科学家可以运用光影、构图和透视等技巧，捕捉到微小而美丽的科学现象，将其转化为令人惊叹的艺术作品。此外，科学美还可以通过音乐、舞蹈和戏剧等艺术形式，演和演绎科学故事，以便观众更加投入其中，体验到科学的魅力和鲜活性。

此外，科学美强调与受众的互动和参与。科学美注重与观众或读者之间的沟通和交流，通过引发观众的共鸣和参与感，增强科学表达的吸引力和可信度。科学美可以采用互动展示、科普讲座、科学实验等形式，使观众积极参与其中，提高科学的亲近感和可体验性。

二、技术美

（一）技术美概念

技术美概念是指将技术与美学相结合的一种理念。在传统的技术领域中，人们更加关注技术产品的功能和性能，而往往忽视了产品的外观和用户体验。然而，随着人们对于用户体验的重视，技术美概念逐渐兴起。

技术美概念强调在设计、界面、交互等方面考虑美感和人性化。美感在技术产品的设计中起到了至关重要的作用。一个美观的产品能够吸引用户的注意力，提升用户的使用体验。同时，人性化的设计能够让用户更加轻松地掌握和操作技术产品。

（二）技术美的形式

1. 简约风格

简约风格是一种以简单、干净、清晰的设计为特点的美学形式。在技术产品中，简约风格可以通过去除繁杂的元素，利用大块的空白和简洁的线条来营造出简洁、现代感的外观和界面设计。

2. 轻薄便携

随着科技的进步，人们对技术产品的轻薄便携性提出了更高的要求。技术美的形式之一就是以紧凑、轻薄的设计，使产品更加方便携带和使用。这种形式追求产品体积和重量的极致精简，同时保持功能的完整性。

3. 高质感材质

技术产品的材质选择也是营造技术美的重要方面。采用优质的金属、玻璃、陶瓷等材质，可以赋予产品高质感和高档感。通过表面处理、纹理设计等手法，产品在触感上更具质感，审美体验也提到提升。

4. 科技感和未来感

一些技术产品在外观和交互设计中追求科技感和未来感。通过流线型的外形、LED 灯光效果、虚拟现实交互等元素，营造出高科技、未来感的氛围，让人们感受到先进技术带来的视觉冲击和前沿科技的魅力。

（三）技术美的特点

1. 功能融合

技术产品的外观设计至关重要的。外观设计决定了产品的第一印象，影响用户对产品的喜好程度。好的外观设计不仅需要美观大方，还需要与功能模块相匹配，互相补充。比如，智能手表的设计可以结合人体工程学原理，既注重手表的外观美感，又考虑到佩戴者的舒适感。同时，手表的外观设计也需要便于用户快速识别和操作，避免烦琐和困扰。

技术产品的设计还需要通过创新的技术实现来将功能与美感有机融合。随着科技的不断进步，设计师可以运用最新的技术手段，开发出更加先进和多样化的功能模块。比如，在智能家居产品中，可以利用物联网技术，实现各种设备的互相连接和智能控制，从而提高用户的生活品质。同时，设计师还可以发挥想象力，在产品的外观设计上运用最新的材料和工艺，以创造出更具吸引力和新颖感的外观效果。

2. 用户体验

追求技术美是为了提供优秀的用户体验。除了注重外观设计，技术产品还需要关注界面交互、人机工程学等方面的考虑，以确保用户在使用过程中能够感受到便捷、舒适的体验，从而增强产品的美感。

界面交互是技术产品中不可忽视的一个方面。一个好的界面交互意味着用户能够轻松地找到所需功能，并且能够顺利地完成任务。设计师需要运用合适的交互设计原则，如一致性、可预测性和可见性，来使用户界面变得直观而易用。比如在一个应用程序中，一个明显的按钮或菜单选项可以帮助用户快速找到需要的功能，而不必在不熟悉的界面上浪费时间。

人机工程学也是技术产品中重要的考虑因素之一。人机工程学关注的是如何使技术产品与用户的身体特征和行为习惯相适配。比如一个操作简便的键盘设计可以减少用户的手指疲劳，而一个符合人体工程学原理的鼠标形状可以提高使用者的操作准确性和舒适度。

3. 长期发展

在技术美的考量中，设计师不仅需要注重外观和功能，还需要考虑材料的可回收性、能源消耗等环保因素，以确保产品在整个生命周期中对环境的影响最小化。设计师需要选择环保材料来构建产品。这些材料应该符合可回收利用的标准，可以通过循环再利用和再制造来减少对原材料的需求。同时，设计师还应考虑材料的生产过程中对环境的影响，尽量选择低能耗、低污染的材料。在产品设计中，设计师应该采用可持续发展的理念。这意味着产品应具备长久的使用寿命，不易损坏或过时。设计师可以通过优化结构和材料的选择来增加产品的耐用性，减少浪费和资源消耗。设计师还应注重产品的能源消耗。通过引入节能技术和智能控制系统，设计师可以降低产品的能源消耗，并提高能源利用效率。比如在家电产品中，设计师可以采用节能灯泡、智能调控系统等技术来减少能源的使用量。

三、融入红色文化的科技之美

新兴技术的迅速发展，为红色资源的开发和传播带来了巨大的机遇。大数据技术可以帮助挖掘和整理海量的红色资源，使其更好地为人们所了解和学习。5G 技术可以提供更快速的网络连接和传输速度，使红色资源能够更广泛地传播。云计算技术则可以实现资源的存储和分享，方便人们随时随地获取红色资源。视觉感应技术可以将红色资源以更直观的方式展示出来，增强人们的沉浸感和参与感。人工智能技术可以通过智能分析和推荐算法，为用户提供个性化的红色资源学习体验。区块链技术则可以确保红色资源的可信和防伪，有效保护其历史真实性。

科技的创新精神与红色文化的奉献精神相辅相成。科技的发展离不开人们对于进步和改变的追求，而红色文化强调奉献和进步，体现了为国家、社会和民族付出的精神。科技创新需要人们愿意投入时间和精力，在这个过程中，红色文化价值观激发了人们的爱国情怀和责任感，使得他们更加愿意为科技事业贡献力量。

在全国范围内，一些地方已经建立了系统的、全面的、科学的红色资源数据库。这些数据库涵盖了各种革命文物，包括不可移动的和可移动的文物。根据国家文物局的统计数据，全国目前有3.6万多处不可移动的革命文物和超过100万件（套）的可移动革命文物。为了有效地保存和传承这些珍贵的红色资源，数字化采集、存储、修复和建库成为重要的任务。通过将红色资源进行数字化处理，可以为今后的结构化存储、专业化标注、全国性传播和智慧化展示奠定数据基础。

在数字化开发利用过程中，只有始终明确以传承红色基因为出发点和落脚点，“红色资源＋数字技术”的展示传播方式才能充分展现其独特魅力和价值。数字化开发利用是将红色资源与数字技术相结合，利用当代先进的技术手段对红色资源进行展示传播。传承红色基因，是指根据中国特色社会主义的发展要求，弘扬伟大革命精神和优良传统，坚定理想信念，增强道德观念，弘扬社会主义核心价值观，坚守革命人的初心使命。

在数字化开发利用的过程中，人们需要充分认识到红色资源的独特魅力和价值。红色资源是指那些具有光荣革命历史、波澜壮阔的红色地方、红色文化、红色旅游景点等。这些红色资源承载着近代中国的历史记忆和革命精神，是人们传承红色基因的重要物质基础。在展示传播过程中，人们需要注重内容的创新和质量保证。只有通过精心策划和制作，提高数字展示产品的品质和吸引力，才能更好地激发观众的兴趣和情感共鸣。同时，人们也要关注目标受众的需求和心理特点，根据不同群体的接受习惯和喜好，有针对性地设计和推出展示产品，以实现更好的传播效果。

本章小结

本章主要探讨了科技之美的不同方面，包括科学美、技术美以及融入红色文化的科技之美。在科学美方面，我们深入分析了科学的本质，以及科学所展现的智慧和美感。科学是人类对自然规律的认知和探索，其背后蕴含着丰富的美学价值。在技术美方面，我们关注的是技术的创新和应用，以及技术所带来的便利和改变。技术的美在于它的高效性、精确性和创造力，能够推动社会的进步和发展。本章还介绍了融入红色文化的科技之美。红色文化是中国革命的象征，融入红色文化的科技在于将传统的价值观与科技发展相结合，弘扬爱国主义精神和社会主义核心价值观。科技之美既体现了人类的智慧和创造力，也能够为社会带来更多的福祉和进步。

章节测试

1. 简述科学美和技术美的区别和联系。
2. 举例说明融入红色文化的科技之美在实际应用中的意义。
3. 分析科技之美对社会进步和人们生活的影响。
4. 探讨科技之美如何促进可持续发展和环境保护。
5. 总结科技之美的价值和挑战，并提出您个人的观点。

案例分析

苹果公司的产品设计分析

苹果公司一直以来注重产品的外观设计和用户体验，其产品展现了技术美的独特魅力。比如苹果 iPhone 的简洁、流线型外观和精致的工艺，使其成为时尚与科技的完美结合。同时，苹果的操作系统界面设计简洁易用，用户能够快速上手并享受到顺畅的使用体验。这种技术美的体现，既满足了用户对功能的需求，又给人们带来了审美的享受。

选择一项近年推出的苹果产品，进行产品技术美的分析。

实践活动

中国高速铁路系统是融入了红色文化的科技之美的典范。在高速铁路设计中，许多站点和车厢采用了红色元素，象征着中国的红色革命精神和繁荣发展。此外，中国高速铁路在技术方面也取得了显著的成就，创造了世界上最快、最安全的列车运行速度，并大幅缩短了城市间的交通时间。高速铁路的建设使人们的出行更加便捷舒适，同时也展现了中国科技创新的实力和发展成就。尝试从科技之美的角度切入中国高速铁路系统的科技美，以及未来发展中红色文化融合的要点。

参考文献

[1] 叶丹．红色文化融入新时代大学生励志教育探究［J］．湖北开放职业学院学报，2022（20）．

[2] 黄祖霞．挑战与对策：新媒体时代大学生红色文化教育探析［J］．品位·经典，2022（16）．

[3] 侯旭平．新时代大学生红色文化认同路径创新［J］．城市学刊，2021（05）．

[4] 尹传忠，冉育彭．新时代背景下高校加强红色文化教育的现实困境与应对策略［J］．梧州学院学报，2021（04）．

[5] 覃虹．基于文化自信视角下的大学生红色文化教育研究［J］．戏剧之家，2017（22）．

[6] 石晶．文化自信视角下的大学生红色文化教育路径研究［J］．农家参谋，2019（01）．

[7] 谢洁宇．红色文化视角下大学生文化自信的路径分析探讨［J］．文化创新比较研究，2021，5（05）．

[8] 陈晓雨，曹现强．红色文化对新时代大学生文化自信教育的影响探析［J］．高校辅导员，2019（01）．

[9] 毛云秋．浅析红色文化的时代内涵及其美育作用［J］．汉字文化，2021（16）．

[10] 张晶晶，韩文根．红色文化的时代价值及其美育作用［J］．美与时代（下），2021（01）．

[11] 梁威．红色经典音乐融入高校美育的路径与策略［J］．戏剧之家，2020（15）．

[12] 钟仕伦．朱光潜高校美育思想的当代价值 [J]．美育学刊，2019 (01)．

[13] 于宛冬．从红色文化中探索高校美育新路径 [J]．文化产业，2022 (06)．

[14] 荣翊贝．大别山精神融入地方高校美育工作的路径研究——以信阳市高校为例 [J]．大众文艺，2023 (18)．

[15] 张雪，王珮璇．区域音乐资源应用于高校美育的实践探索 [J]．中国音乐教育，2023 (09)．

[16] 王德岩．当代中国的社会变化与高校美育 [J]．北方工业大学学报，2002 (04)．